穿越中國五千年 ⑩

清朝

歪歪兔童書館 著繪

中華教育

前言
讓歷史更鮮活、更可愛一些

張永江

本書審訂人

（國家清史編纂委員會專家，中國人民大學歷史學院教授、博導）

作為一個大半生從事歷史研究、歷史教育的專業人員，數十年來，有兩大問題始終縈繞在我心懷：許多人為之竭盡心力的史學有何價值？怎樣才能把紛繁複雜的歷史知識有效傳達給社會公眾，並成為大眾知識的一部分？這也可以説是歷史學者的「終極之問」吧。

所謂歷史，就是已經逝去的過往一切。沒有文字之前，人類記憶的保存和傳遞基本上只能依靠口耳相傳。那時，構成歷史的記憶，多半是家族、部落的先輩的經歷、經驗和教訓。有了文字，就有了儲存、傳承歷史記憶的「利器」。歷史記憶，對於家族、部落乃至民族和國家都極為重要，是凝聚認同感的主要依託。對於個人，歷史也同樣重要，往往表現為潛意識下的集體認同情感和外在的生命智慧，滋養豐富着個體的精神世界。毫不誇張地説，古往今來，凡是卓然超羣的偉大民族和深謀遠慮的傑出人物，無一不吸收並受益於豐厚的歷史經驗的滋養。

在古典時代，華夏中國數千年的文明綿續不斷，累積了獨一無二的

豐厚的歷史記錄，皇皇巨著「二十四史」就是中國作為史學大國的明證。我們不光擁有三千年連續不斷的歷史記載，擁有浩如煙海的史學著述，還形成了堪稱發達的史學文化。「以史為鑒」、「秉筆直書」等等，都是中華民族史學之樹長青的精神養料。當然，中國史學發展到近代，也存在着一個重大缺陷，就是百多年前梁啟超指出的傳統史學缺乏「國民性」，都是以帝王將相為中心的歷史。為此，他呼籲「史學革命」，為創建「新史學」不遺餘力。實際上，舊史學除了記錄內容有「帝王中心」的問題外，還存在「形式」過於「莊嚴」，脫離廣大民眾、高高在上的問題。

近代以來，隨着近代化浪潮的影響，中國的文化轉型為各領域帶來了變化。史學也開始由統治階級主要用於「資治」的「高大上」功能而定位於「廟堂」之上，逐漸放低「姿態」，全面容納社會生活；體裁上以西方史學為藍本的章節體史書，搭配淺顯易懂的白話文敍述，使社會公眾對史學有了更多的親切感。關心史學的人士也由過去狹窄的士大夫精英階層擴大到一般的知識界，並經由中學教科書體系連接到未成年人世界。這種改變當然是可貴的，但還遠遠不夠。歷史的普及教育仍然有一個門檻，那就是必須具備了中學以上學歷或識字水平才能進入歷史世界。這看似不算高的門檻，事實上將億萬兒童擋在了歷史殿堂之外。

現在面臨的一個重要的問題是，如何讓靜態的歷史鮮活起來，化繁為簡，讓「莊嚴可敬」的歷史更接地氣，趣味橫生？

前人已經付出了很多努力來探索這種可能性。早在清代，就已出現了通俗性的歷史讀本《綱鑒易知錄》。學富五車的梁啟超、胡適都是通

過這部書來啟蒙史學的。歷代都有人通過小說、戲曲、詩詞等藝術形式表現歷史，影響較大的如《三國演義》、《說唐傳》。近數十年，由專業學者編寫的普及性的歷史讀物覆蓋了歷史上的重大事件、人物傳記，人們創作了大量的連環畫來展現歷史，歷史題材的小說如《少年天子》、《雍正皇帝》，影視中的清宮戲，電視節目中的《百家講壇》等，更是令人目不暇接。但是，藝術表現的歷史，並非都是真實的歷史，歪曲、誇大、臆造、戲說的「歷史」所在多有。新形式不僅沒有幫助兒童獲取正確的歷史知識，兒童讀者反而因為缺乏鑒別能力而有可能被誤導。系統地、準確地、正確地向廣大社會公眾傳達真實的歷史知識，仍有待專業的歷史研究者努力。

史學知識普及的難點在於，難以兼顧通俗性與嚴肅性。通俗性要求讀者喜聞樂見，情節生動有趣。但傳統史學本身關注的內容毫無趣味，研究更需要嚴謹細緻，過程枯燥乏味。於是就出現了兩個極端：專業研究者謹慎嚴格，研究結果只在「圈內人」中傳播；社會公眾中的史學愛好者興趣盎然，對資料卻真偽不辨，良莠不分，傳播的只能是戲說的「歷史」。歷史產品的「出品方」雅俗分離，兩者漸行漸遠，普羅大眾更多接受的是後者。

可喜的是，近年來這種困境有了新的突破，就是專業史學研究者與業餘歷史愛好者雙方在編輯、出版者的撮合下走到一起，分工合作，面向廣大兒童、青少年推出了新型故事。首先試水的是「漫畫體」的歷史故事，以對話方式推進故事，受到學齡前後兒童和家長的喜愛，在市場上大獲成功。新文本雖然形式活潑，但內容也經專家審定，並無虛構。

歪歪兔的這套《穿越中國五千年》，可以看作是「漫畫體」的升級版，面向的是中小學階段的讀者。全書分十冊，涵蓋了從遠古到清代的漫長時期，按階段劃分成卷，完全符合歷史發展順序，可以視作「故事體」的「少年版中國通史」。敘事上，避免了以往歷史讀物常見的簡化版枯燥的「宏大敘事」問題，而是每冊選取三十個左右的歷史故事，通俗形象地展示這一時期的歷史概貌。

　　作為本書的審訂人，我認為這套書有以下特色和優點：

💡 **所採擷的歷史故事真實、經典，覆蓋面廣，屬大眾喜聞樂見、耳熟能詳者。**

　　本書由具有深厚史學功底的歷史學者、知名歷史類暢銷書作家合力撰寫，故事根據《左傳》、《戰國策》、《史記》、《漢書》、《資治通鑒》等歷史典籍編寫，參考最新的權威考古研究報告，以適合小讀者的語言進行講述，生動有趣地還原真實的歷史事件，讓歷史更加鮮活。每篇故事中的生僻字都有注音，古代地名標明現今位置，生僻官職名稱、物品名稱也有相關解釋，掃除了閱讀障礙。

💡 **編排設計合理，強調對歷史線的梳理，簡要勾勒出一部中國歷史大觀。故事之間彼此呼應，有內在的邏輯關係。**

　　本書精選的二百七十個歷史故事，基本涵蓋了中國歷史發展過程中重要的時間點和歷史大事件。小讀者通過這套書，可以清楚地了解到從

距今約七十萬年的周口店北京人到 1912 年清朝滅亡期間王朝的興衰和歷史發展過程。

💡 **內容豐富，知識欄目多，便於小讀者在學習歷史的同時，豐富文化知識，開拓視野。**

每一篇除故事主體外，還大致包含以下欄目內容：

好玩的副標題，激發小讀者的閱讀興趣。

知識加油站，選取與歷史故事相關聯的知識點，從文化、文學、科學、制度、民俗、經濟、軍事等角度，擴展小讀者的知識面，讓他們了解生活中方方面面的事物都是隨着歷史進程而發展、發明出來的，在增加歷史文化知識的同時，更直觀地理解古人的智慧和歷史的發展規律。

當時的世界，將中國歷史與世界歷史同時期的事件進行對比展示，開闊孩子的視野，培養孩子的全局觀。

💡 **文風活潑生動，圖文並茂，可讀性強。結合中小學生的實際生活，運用比喻、類比、聯想等手法敍事，幫助小讀者真正從歷史中獲得對實際生活的助益。**

時代在進步，文化也在按照自己的邏輯演進。新的世代有幸生活在「全球一體化」的文化交融時代，他們能夠並正在創造出超越前人的新

文化。歷史的海洋足夠廣闊深邃，充分擷取其滋養，豐富個人精神，增進民族智慧，是我們每一個歷史學者的志願！

2021 年 8 月 15 日於京城博望齋

目錄

穿越指南 ▐▐▐▶ 清朝

如果你是男生，穿越到清朝，你要做的第一件事就是趕快去找一個髮型師，先剃髮，然後再請他想方設法幫你弄一條辮子。因為在清朝，有一個「留髮不留頭」的規矩，規定每一個男子必須剃髮留辮子，要不然就要殺頭。因為這個，可是死了不少人呢。

除了髮型，清朝在服飾上也有一些「規矩」，清朝實行的是滿漢分治的制度，漢人一般着漢裝，這裏說的漢裝當然不是明代的寬衣博帶，而是以短裝為主。但不同的職業也有一些差別，讀書人、商人都穿着長衫，女子依舊是明式服裝。滿人則是男子穿窄衣箭袖，女子流行穿旗袍。當然也有融合的地方，比如清朝後期漢人穿上了滿族人常會穿的馬甲。

吃的方面，種類就非常豐富了。四大菜系已經成熟了，所以你可以吃到各種美味佳餚，偶爾還可以吃到從東北滿洲那邊傳來的精緻糕點。水果、蔬菜更是應有盡有，你平時愛吃的水果、蔬菜，在清朝都可以吃到。

出行可以乘坐馬車，也可以坐轎子。從抬轎子的人數上可以顯示出你的身份，通常情況下是兩個人抬，身份高一點的是四個人抬，頂級就是「八抬大轎」，一般皇室成員才會有這種高規格。當然，普通百姓就只能靠自己的雙腳出行了。

在清朝，讀書、考科舉依舊是一般人做官的唯一途徑。如果你想要做官，就要熟讀四書五經，然後就像上台階一樣，從一層台階考到更高的一層台階上去。一般情況下，中了舉人就可以當個小官吏了。你要是想做更大的官，就需要繼續參加考試，最終進到紫禁城裏，參加由皇帝監考的殿試。

如果你不是出身於大富之家，能做官的話千萬不要在京城裏做。為甚麼呢？因為太貴了，這個官根本當不起。那你要説了，國家不是應該給我工資嗎？是的，但是那一點工資，根本不夠你在京城裏開銷。

有一個在京城裏當官的官員曾經算過一筆帳，他在京城裏當一年官，竟然要向別人借 475 兩銀子，才能維持在京城裏的生計。這麼一説，你就知道在京城裏當官有多難了吧！

沒有當上官的讀書人，最好的職業是老師。你可以給有錢人家的小孩當家庭教師，不僅工資高，還管吃管住；也可以去書院，或者去鄉里當老師。老師這個職業，在當時是非常受人尊重的。你還可以給大小長官做幕僚和師爺，也可以豐衣足食。

如果你不想當老師、幕僚或師爺，也可以做生意。清朝時的商業氛圍是比較不錯的，而且到處都有票號和錢莊，相當於最原始的銀行。你

出門帶上銀票就可以了，比較安全。不過你要注意，清朝時實行的是閉關鎖國的政策，你是不能像之前那樣出海做生意的。如果你非常想和外國人做生意，可以去廣州碰碰運氣，因為那裏是唯一開放、允許和外國人做生意的地方。當時的茶葉、瓷器、絲綢都是外國人喜歡的商品。

隨着時間流逝，你會發現你的周圍發生了一些變化：有些地方用上了電燈，再也不用像以前那樣點蠟燭和油燈了；有些地方有了火車；你還可以買到報紙，看到每天的新聞……

突然有一天，你在報紙上看到一個消息：大清朝的皇帝退位了，從此再也沒有皇帝了。

大街上的人們紛紛剪去了辮子。

此時，你的歷史穿越之旅要畫上一個句號了。你覺得這個句號是完美還是不完美呢？

努爾哈赤建立後金

裝備最簡陋的一次起兵 •

　　大家還記得我們前面講過女真族建立的金國嗎？他們雖然被蒙古大軍打敗了，但依舊生活在我國東北地區，到了明朝的時候，漸漸形成了三部——建州女真、海西女真、東海（野人）女真，其中建州部中有一個

姓愛新覺羅的家族。在後面的故事中，你會經常聽到這個姓氏，為甚麼呢？這還要從愛新覺羅·努爾哈赤説起。

努爾哈赤出生在建州女真部貴族家庭，爺爺覺昌安和父親塔克世都被明朝任命為當地的官員。按理説，努爾哈赤日子應該過得不錯，但是他卻有一個刻薄的繼母，經常虐待他。努爾哈赤在十九歲的時候就被迫自立門戶，帶着弟弟一起生活，靠着去山裏挖人參、採蘑菇，再把這些東西拿到市集上跟蒙古人、漢人換錢謀生。也是這段時間，努爾哈赤學會了蒙語、漢語，還認識了很多漢字。據説，他經常找一些漢人的書讀，最喜歡的就是《三國演義》和《水滸傳》。

當時，明朝統治女真族，採取的是打壓和利用女真族各部之間矛盾進行分化的策略。建州部首領、也就是努爾哈赤的外公王杲（gǎo，粵音稿），因不滿明朝的統治，率領軍隊對抗明朝，遭到明朝打壓，最終兵敗被殺。王杲的兒子阿台決心為父報仇，繼續與明朝作對。

王杲死後，圖倫城的城主尼堪外蘭一直想當建州部首領，便給明軍做嚮導，引明軍攻打阿台的古勒寨。

這個阿台的妻子是覺昌安的孫女，覺昌安擔心孫女的安危，便帶着兒子塔克世去古勒寨想勸阿台不要與明軍對抗。沒想到父子二人剛一進城，古勒寨便

被明軍攻破了。明軍進城後肆意燒殺搶掠，混亂中覺昌安和塔克世也被殺了。

努爾哈赤聽說爺爺和父親被殺的消息，又悲痛又氣憤，就去找明朝官員要個說法，並要求明朝殺掉尼堪外蘭。

明朝官員知道自己在這件事上不佔理，便賠償了努爾哈赤一些敕（敕，chì，粵音斥）書（類似於朝廷頒發的貿易許可證）和三十餘匹馬，並讓努爾哈赤繼承了他爺爺的職務，當明朝的官員，但拒絕了努爾哈赤殺死尼堪外蘭的要求。

努爾哈赤自然不會白白放過尼堪外蘭。既然明朝不幫忙，那就自己來！如果你是努爾哈赤，是不是要回去做一番充足的準備呢？努爾哈赤回去後立即清點爺爺和父親留下的裝備，發現只有十三副鎧甲，可以說是簡陋得不能再簡陋了。但是令人意想不到的是，努爾哈赤就憑藉這十三副鎧甲和明軍賠的三十餘匹馬，召集了幾百名部眾，起兵去攻打尼堪外蘭了。

尼堪外蘭得知努爾哈赤率領的士兵大都只穿布衣，馬也沒多少，自然沒把他放在眼裏。不料努爾哈赤的士兵作戰非常勇猛，圖倫城很快就被攻破了，尼堪外蘭只好逃跑，甚至連老婆孩子都不管了。

隨後，努爾哈赤和尼堪外蘭展開了一場狼與兔子似的追逐遊戲，從圖倫城追到嘉班城，又從嘉班城追到鄂爾琿，最終尼堪外蘭逃到了撫順，想得到明朝的庇護。然而明朝認為他已經沒有利用價值了，便把他殺了，還將他的首級交給了努爾哈赤。

報了大仇後，努爾哈赤在建州部中樹立起了威信，勢力逐漸發展壯大，僅用五年時間就統一了建州女真各部，隨後又統一了整個女真部。

統一女真部後，努爾哈赤建立了八旗制度，將女真人分為八個旗，由自己指揮、旗主管理，平時打獵、練武，戰時打仗。1616 年，努爾哈赤認為女真族已經足夠強大了，便在赫圖阿拉（今遼寧省撫順市新賓滿族自治縣永陵鎮老城村）宣佈建國，定國號為「大金」。為了和之前的金國區分，歷史上稱它為「後金」。

看到這裏，大家可能會有疑問了，此時的明朝皇帝是誰呢，這邊努爾哈赤都建國了，難道他就不管嗎？當時的皇帝就是我們之前講的那個不

愛上朝的萬曆皇帝。那他為甚麼不管呢？這就要說到努爾哈赤的聰明之處了。努爾哈赤在統一女真各部的過程中，給明朝的印象一直是「乖寶寶」，每年都按時納貢，甚至好幾次都是自己親自去北京朝貢，因此明朝不僅沒有管他，還給他升了官。

1618 年，努爾哈赤決定不再做「乖寶寶」了，正式向明朝宣戰。宣戰總得說出個理由吧，努爾哈赤一共列出了七大恨，大家只要記住第一大恨——殺爺爺和父親的仇——就好了，因為相比起來其餘的都算是小事。

努爾哈赤向明朝宣戰後的第二天就發兵攻打撫順。明朝的撫順守將沒有做任何抵抗就投降了，努爾哈赤俘獲了大量的人口和牲畜。

撫順陷落的消息傳到京城，朝廷上下大為震驚，立刻發兵征討努爾哈赤。

知識加油站 制度

滿洲八旗制度

我們常在影視劇裏看到的「八旗」，它是由努爾哈赤建立的一種社會制度，分為滿洲八旗、蒙古八旗和漢軍八旗。滿洲八旗裏的鑲黃旗、正黃旗、正白旗由皇帝直接管理；鑲白旗、正紅旗、鑲紅旗和正藍旗、鑲藍旗由部分優秀的親王管理。

當時的世界

1618 年，努爾哈赤向明朝宣戰。波希米亞（今捷克）人民發動起義對抗神聖羅馬帝國，從而引發了一場席捲歐洲、長達三十年的大混戰，歷史上稱為「三十年戰爭」。

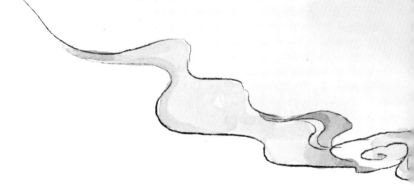

薩爾滸之戰

決定命運的戰役 ....

上節説到明朝發兵攻打努爾哈赤，這一仗對於努爾哈赤和剛剛建立的後金來説，可以説是生死存亡的一戰。

大家都知道明朝的萬曆皇帝一直沒有上朝，但是他並不是一點事都不管，只是不管小事而已。這一次出兵就是萬曆皇帝親自下的命令，説明他對努爾哈赤實在是忍無可忍了。他下令集結了十二萬大軍，選派楊鎬為總指揮，出兵向赫圖阿拉進發。

這個楊鎬是當時資格最老的將軍。他接令後，馬上制訂作戰計劃，分兵四路，由四位總兵統領，分別從四個方向向努爾哈赤進攻。這四個總兵可以算是「全明星」陣容，每一位都大有來頭。

西路率領六萬兵馬的杜松，之前一直鎮守邊境，和蒙古人打仗，從來沒輸過，蒙古人聽到他的名字都打哆嗦；南路率領兩萬兵馬的李如柏是名將之子；北路率領兩萬兵馬的馬林，之前一直擔任開原總兵；東路率領兩萬兵馬的劉綎，在當時被稱為「第一猛將」，作戰經驗非常豐富。

而努爾哈赤這邊總共只有六萬兵馬，他得知明軍分四路向自己攻來，只説了一句「任爾幾路來，我只一路去」，採取了集中兵力逐個擊破的作戰方案。

從數字上可以看出，楊鎬最看重的就是杜松，將一半的兵力都給了他，讓他作為先鋒率先出發。

杜松雖然作戰勇猛，但是有些莽撞。他第一個出發，卻還是怕別人搶了頭功，所以日夜兼程往前挺進。為了走得更快，他甚至不惜放棄輜重、兵器。走着走着，他發現他遇到的是一個十分愛搞小動作的對手，不是今天來個偷襲，就是明天在你後面放把火。

杜松對敵人的騷擾十分頭疼，只好讓隊伍停下，將六萬人馬分為兩部，分別駐紮在薩爾滸和吉林崖。正是這次分兵給了努爾哈赤機會，決戰馬上就要開始了。

這天，努爾哈赤率領八旗中的六旗，約四萬兵馬，向薩爾滸發起猛攻。此時薩爾滸有多少明軍呢？沒錯，三萬。面對多於自己的敵人，明軍最後寡不敵眾，全軍覆沒。隨後，努爾哈赤又集結起八旗全部兵馬，向吉林崖發起進攻。面對兵力多於自己的敵人，杜松沒有退縮，率領明軍拚死戰鬥，最終和將士們一同戰死。

西路軍就此消亡。緊接着是北路軍，此時馬林已經知道了杜松全軍覆沒的消息，他也知道自己無法與努爾哈赤抗衡，便沒有再前進，而是讓士兵挖溝塹，築起防禦建築。他的做法確實給努爾哈赤造成了不小的麻煩。努爾哈赤的六萬兵馬進攻時，打了半天竟然毫無進展，最後還是努爾哈赤親自帶兵衝鋒，打開了突破口，才打敗了明軍北路軍。

接下來是東路軍，東路軍在哪呢？不知道，因為劉綎率領的東路軍出發沒多久就迷路了，他們自己都不知道自己在哪。努爾哈赤也一直在找他們。找到之後，努爾哈赤並沒有選擇直接進攻，而是派一個人假扮成杜松的士兵去給劉綎送信，叫劉綎率領軍隊和自己會合。劉綎因為迷路，根本不知道杜松早已被消滅了，便信以為真，率領軍隊去和杜松會合。但是他等來的不是杜松，而是早已埋伏好的八旗士兵，最終劉綎和他率領的南路軍也覆滅了。

現在，就只剩下李如柏率領的南路軍了，因為他們走得實在是太慢了，所以晚了好幾天才到達預定的地點。到達後，李如柏得知三路大軍都已全軍覆沒，二話沒說就率軍回撤了。可笑的是，李如柏撤退的速度實在太快了，以至於一些士兵自相踐踏而死。

這場被後人稱為「薩爾滸之戰」的戰役就這樣宣告結束了。那個不

上朝的萬曆皇帝在京城得到明軍失敗的消息後，大為震怒，自然要找人算帳，指揮官楊鎬被革職並關了起來，沒多久就被斬首了，李如柏則迫於壓力自殺了。

自從「薩爾滸之戰」後，明軍見到努爾哈赤的軍隊，就像是老鼠見了貓，撒腿就跑。沒過多久，努爾哈赤就在沒有受到任何抵抗的情況下，拿下了開原、鐵嶺，緊接着在 1625 年攻下瀋陽，並把它作為後金的新都城。

知識加油站 文化

瀋陽故宮

　　1625 年，努爾哈赤在攻下瀋陽後，將這裏作為後金新的都城，稱為盛京，並在原來舊城的中心修建了大政殿和十王亭，供議政使用。

隨後又以大政殿為中心，在城內按八旗劃定區域，讓八旗子弟居住，允許各旗旗主在自己區域內修建府邸。

　　如今我們去瀋陽還能看到自努爾哈赤起修建的這座皇家宮殿建築羣，它也是我國僅存的兩大皇宮建築羣之一。

▲瀋陽故宮－大政殿

當時的世界

　　1619 年，「薩爾滸之戰」，這場關鍵的戰役動搖了明朝在遼東的統治。此時我們的鄰國日本正處在江戶時代。1615 年，江戶時代首任幕府將軍德川家康消滅了豐臣氏，使得日本又進入了和平時期。

皇太極稱帝

改「清」是要「滅火」 ·

　　大家還記得前面講過的「寧遠大戰」嗎？這場戰役的失敗，使得努爾哈赤不敗的神話被打破了。沒過多久他就去世了，甚至沒來得及指定繼承人。後來還是大家開會選舉出了一個新的大汗，他就是努爾哈赤第八子皇太極。

　　正是這次選舉，使後金走向了正規化的發展道路。不知道大家有沒有發現，雖然努爾哈赤建立的後金軍事實力非常強大，但是在其他方面卻很不正規，只能算是一個大部落。

　　努爾哈赤統治時，做的最主要的事情就是搶地盤、搶東西外加搶人，他對漢人非常輕視，也極其不友好。

　　皇太極當上大汗後做的第一件事就是善待漢人，讓他們和女真人享受同樣的待遇，並將土地公平地分給他們耕種。對待手底下的漢人官員，他也非常重視。有一個叫范文程的漢人之前在努爾哈赤手底下做官時不受重用，到了皇太極時就完全不一樣了，他是皇太極最為倚仗的大臣。每當有人匯報工作，皇太極總是會問：「這件事范文程知道嗎？」一旦發現有人做錯了事，他又會問：「你為甚麼不和范文程商量一下？」如果匯報工作的人說：「范文程已經看過了。」皇太極便不再過問了。

　　范文程受到如此重視，自然是拚了命給皇太極出主意、想辦法。前面講過的陷害袁崇煥所用的反間計，據說就是范文程的主意。

　　皇太極上台後做的第二件事，就是完善政權機構。在努爾哈赤為大汗時，採用的是議政王大臣會議制度，王室成員、貴族在一起商

量，但是往往意見不能統一，吵來吵去也沒有一個結果，而一旦議定後，就連大汗也無權更改。皇太極對這個制度進行了一些改革，擴大了參加會議的人數，增加了異姓貴族大臣的數量，以此來制約原有貴族的權力，提高大汗的權威。為了提高處理事情的效率，他還仿效明朝，設立「三院八衙門」，由內國史院、內祕書院和內弘文院三院學士參與政事，再由吏、

戶、禮、兵、刑、工六個衙門處理具體的事情，都察院負責檢查，理藩院負責處理少數民族事務。

在做完一系列改革後，皇太極將族名從「女真」改成了「滿洲」，也就是滿族，這個稱呼一直沿用至今。

1636 年，皇太極正式稱帝，將國號改為「清」。據説，皇太極之所以用「清」這個國號，是因為「明」代表火，「清」代表水，皇太極就是要用水來滅火，取代明朝。

接下來，皇太極要做的就是繼續向明軍開戰。我們前面講過，努爾哈赤和皇太極最初兩次攻打明朝都被袁崇煥抵擋住了，皇太極不得不繞好一大圈，來避開袁崇煥的防線。如今袁崇煥死了，所以皇太極這次便率領大軍直接向寧遠發起了進攻。

要説寧遠的防線設計得還真是堅固，雖然袁崇煥死了，但是皇太極想要越過它實在是不容易，打到錦州時，實在是過不去了。守錦州的祖大壽是袁崇煥一手栽培的。沒有辦法，皇太極只得將錦州圍了起來，沒想到一圍就是一年。城裏的祖大壽一直向崇禎皇帝要援兵，但是崇禎皇帝那邊正在對付李自成的農民起義軍，實在沒有多餘的兵力。

終於有一天，崇禎皇帝下決心要消滅清軍，於是將本來圍剿起義軍的大將洪承疇調去救援錦州。這個洪承疇算是明朝當時最有能力的大將了，明朝上下都對他寄予厚望。洪承疇十分的小心謹慎，到達錦州後，並不着急與清軍決戰，而是將清軍從外面圍了起來，想打一場持久戰。大家可以想像一下，這個畫面就像套圈一樣，清軍將錦州圍住，外面又被洪承疇的軍隊圍住。就這樣又僵持了一年。其實如果再這樣耗下去，皇太極説不定真就被耗走了。但是明朝朝廷中的大臣卻有些坐不住了，有的説洪承疇是膽小鬼，有的説他在浪費糧食，天天逼着洪承疇與皇太極決戰。

洪承疇也感覺到了糧草確實有些緊張，不能再這樣耗下去了，便倉促率領大軍，向清軍發起了進攻。着急就容易失誤，而且對方又是十分有謀略的皇太極，因此，洪承疇中了圈套，反被清軍圍住。他想向朝廷求援，但是他忘了，他本身就是來救援的，朝廷根本沒有兵能救他了。最終，洪承疇被清軍俘虜了。

此時，你肯定想像不到崇禎皇帝和大臣們在京城做了甚麼。他們不是想辦法發兵去救洪承疇，而是在為洪承疇舉行葬禮和紀念活動，他們認為洪承疇肯定是為國捐軀了。但是他們想錯了，洪承疇在被俘後受到了皇太極的禮遇，沒多久便投降了。不僅如此，又過了幾個月，堅守錦州兩年的祖大壽也打開城門投降了。

錦州失守後，明軍在關外再也無兵可用，皇太極率領的清軍距離北京只剩下最後一道關卡了。

新滿文的誕生

努爾哈赤為了加強女真族的文化學習，在明萬曆二十七年（1599 年）下令，以蒙古文的字母和女真語的發音為基礎，創造了滿文，為女真各部的統一和社會發展創造了條件。滿文有新老之分，老滿文是沒有圈點的滿文，等到皇太極統治時期，他又下令在老滿文文字旁增加圈點，使得滿文的語音、字形更加完善，增加了圈點的滿文就被稱為新滿文。

當時的世界

1636 年，皇太極將國號由「後金」改成了「清」。1640 年，英國爆發了「資產階級革命」，「第一次英格蘭內戰」開始。隨着海外貿易的發展和原始的資本積累，英國出現了很多有錢的資產階級新貴族，他們起而要求限制王權，反抗斯圖亞特王朝的專制統治，資產階級革命開始。

定都北京

輕鬆通過最難的關卡 ·

　　大家如果去山海關，肯定會看到城樓上「天下第一關」的匾額。它是長城東端的起點，一直是兵家必爭之地。但它如此出名，「首功」還要歸於一位明朝將領。

　　上節說到，皇太極率領的清軍離北京就只剩下最後一道關卡了，這道關卡就是山海關。而就在皇太極準備攻打北京時，他卻突然因為急病去世了。這使得清軍攻打北京的計劃不得不先放一放。

與努爾哈赤一樣，因為死得太突然，皇太極也沒有選定繼承人。該由誰繼承皇位呢？當時有兩位候選人，一個是皇太極的弟弟多爾袞，另一個是皇太極的長子豪格。

　　多爾袞長期帶兵作戰，立下過很多戰功，又掌管着正白旗和鑲白旗兩旗的兵權，權力非常大，繼承皇位是理所應當的。但是我們前面說過，皇太極當皇帝時一直推崇漢文化，很多東西都是從明朝那裏學來的，所以很多大臣都說應該由皇太極的兒子繼承皇位，兩邊一直爭執不下。這時還要說多爾袞聰明，他想，既然自己當皇帝有那麼多人不服，而自己又不想讓豪格做皇帝，於是便選了皇太極六歲的兒子福臨來繼承皇位，也就是順治皇帝。多爾袞當攝政王，暫時掌管朝政。這樣反對的人自然沒有話說了。

　　皇帝繼承的問題解決了，多爾袞便開始籌備攻打北京的事。多爾袞也像哥哥皇太極一樣，對范文程非常重視，經常向他請教問題，與他討論作戰方針。

　　雖然清軍距離北京城只剩下一道山海關，但是這道關卡卻異常堅固，非常難攻。所以多爾袞犯了愁，與范文程討論了好久都找不到好的辦法。

這邊正在發愁時，明朝那邊的局勢突然出現了變化。前面我們講過，李自成率領的農民起義軍三個月就攻破了北京城，逼得崇禎皇帝自殺了。多爾袞便想趁着李自成還沒站穩腳跟時攻打北京城，撿個便宜。正當多爾袞想繞過山海關進攻北京時，他收到了一封請他出兵幫忙的《乞師書》。寫這封《乞師書》的不是別人，正是把守山海關的明朝將領吳三桂。這是怎麼回事呢？

起初，吳三桂得知崇禎皇帝自殺的消息後，是打算歸順李自成的，並且打算親自進京去朝見李自成。但是走到半路，他聽説李自成對明朝的官員非常不友好。和其他官員的遭遇一樣，他在北京的財產也被沒收了，他的父親還被打了。更讓他不能忍的是，李自成的手下搶走了他最喜愛的小妾陳圓圓。

於是，吳三桂退回到山海關，想趕走李自成。但是他的兵力沒法和起義軍對抗，他就想到借助關外清軍的兵力，於是便給多爾袞寫了那封《乞師書》。

收到信的多爾袞自然是喜出望外，很快便率領清軍來到山海關，在山海關十五里外安了營。為甚麼多爾袞不直接入關進攻李自成呢？原來，吳三桂在《乞師書》中玩了一個文字遊戲，言辭中暗示説只是請清軍來幫忙，並沒有説投降，所以多爾袞想緩一緩，逼一下吳三桂。

此時，李自成也親自率兵從北京出征，想要奪取山海關。吳三桂面對如此危急的局面，和多爾袞見了一面，答應投降，並剃髮留起了滿洲人的髮式——辮子。

李自成對清軍前來助戰沒有一點防備，被打得大敗，匆匆逃回了北京。清軍輕輕鬆鬆越過山海關，打起給崇禎皇帝復仇的名號，一鼓作氣將李自成趕出了北京城。

多爾袞率領清軍風風光光進了北京城。進入北京城後，多爾袞做的第一件事就是給崇禎皇帝舉行了葬禮，並學習漢人的模樣祭拜了孔子。他這樣做是為了得到漢人的支持。李自成進入北京後對明朝官員非常不好，多爾袞卻讓所有的明朝官員都恢復原職，繼續為清朝做事。

不到幾個月，清朝就在北京站穩了腳跟。這年十月，多爾袞將小皇帝福臨從盛京接到了北京，並將都城改到北京。

小皇帝來到了北京，那些關外的滿洲貴族也陸續跟着來了。多爾袞為了讓滿洲貴族可以在京城生活，出了一個法令，縱容滿洲貴族強行侵佔漢人的房子和田地，被趕走的漢人甚至連鍋碗瓢盆都不許帶走。多爾袞還強迫漢人必須聽滿洲貴族的話。好在多爾袞病死後，順治皇帝不再允許滿洲貴族強行侵佔房屋和田地，京城裏漢人的生活才算恢復了正常。

山海關

山海關位於今天河北省秦皇島市東北 15 公里的地方。它修建於明太祖朱元璋時期，是明長城的東北關隘之一，也是明長城東端的起點，一直有「天下第一關」的稱謂。
山海關經歷過許多次戰爭，不僅李自成和吳三桂在此打過仗，後來的八國聯軍、直系和奉系軍閥、日軍等都曾佔領過這個地方。

當時的世界

1644 年，順治皇帝正式遷都北京。法國軍隊將神聖羅馬帝國皇帝的勢力驅逐出萊茵河中下游地區。

史可法守揚州
明朝的「倔強將軍」

　　清朝雖然控制了北京，但還沒有建立起對全國的統治。大家都知道，明朝剛剛建立時，都城設在南京。後來明朝把都城遷到北京，而南京則一直作為陪都存在，擁有和北京一樣的建制，就好像是明朝的副中心。農民起義爆發後，北京城被攻破，崇禎皇帝自殺身亡，壞消息一個接一個地傳到南京，那裏的官員們決定立一個新皇帝，帶領大家重整旗鼓、收復河山。那麼，究竟立誰好呢？小朝廷裏出現了分歧。

以東林黨為首的官員認為潞王朱常淓（fāng，粵音芳）非常賢德，應該立他當皇帝，而以馬士英為首的官員則認為福王朱由崧（sōng，粵音鬆）是萬曆皇帝的親孫子，理應做皇帝。最終，福王朱由崧成功登基，這個政權被稱為「福王政權」。此時的福王政權統治着南方的廣大地區，擁有五十萬兵力，還是有一定實力的。只不過，朱由崧實在不是當皇帝的材料，他貪財好色，又不懂治國理政，整天只顧着吃喝玩樂選美女，卻不知道清軍已經快要打上門來了。馬士英這些官員一個個忙着爭權奪利，搜刮民財，把百姓折騰得苦不堪言。

鎮守武昌的明朝將領左良玉痛恨朝廷裏的貪官，就率兵討伐馬士英等人。與此同時，清朝大將多鐸已經率軍逼近揚州。當時鎮守揚州的正是今天我們要講到的主角史可法。

史可法是個正直廉潔、忠君愛國的人，做事也很厚道，能夠和士兵們同甘共苦，在軍隊中擁有很高的威望。馬士英對他非常忌恨，先前就慫恿着福王把他派去鎮守揚州。現在，馬士英又不顧清軍壓境的危機，催促着史可法去抵擋武昌叛將左良玉的進攻。史可法知道，左良玉並不敢真的和朝廷為敵，而清軍一旦打進來，國家就要滅亡了！可他不能違抗朝廷的命令，只好帶兵先去抵抗左良玉。

很快，清軍到達了距離揚州三十里的地方。正在前線的史可法得到消息後，連夜帶了幾個人趕回揚州，然後馬上派人向周圍的城鎮求援，又寫了血書送往朝廷，希望朝廷能夠調兵支援揚州。但各鎮的將領們都懼怕清軍，不想出兵，朝廷那邊也一點消息都沒有，只有總兵劉肇基帶着兩千多個人趕來救援。

此時已經將揚州城圍起來的清軍至少有十萬人，而揚州城內的守衛加起來總共才一萬多人。史可法深知敵我力量懸殊，在這樣孤立無依的情況下，是不可能打贏的。所以他下令緊閉城門，做好守城的準備。史可法身披鎧甲，親自登上城牆指揮作戰。士兵們奮勇作戰，一次次地擊退清軍的進攻。城內的百姓中，青壯年男子也加入站崗作戰的隊伍，而婦女老人負責燒水做飯，保障後勤。一

時間，揚州軍民上下一心，決心要和敵人作戰到底。

多鐸敬重史可法的為人，覺得他是個人才，於是派人用高官厚祿做籌碼，勸史可法投降，還親自給他寫了好幾封勸降的書信。但史可法大義凜然地拒絕了多鐸派來的說客，燒掉了多鐸的書信，誓死也要守衛揚州城。隨後，清軍加緊了攻勢，還調來了當時的祕密武器——紅衣大炮。在大炮的協助下，城牆很快被打開了一個缺口。清軍從缺口處一窩蜂地湧進揚州城，城內頓時陷入一片混戰之中。明軍士兵英勇作戰，全都戰鬥到生命的最後一刻，沒有一個人向敵人投降。

史可法知道自己已經無力回天，於是拔出劍想以身殉國，不料被清軍擒住，把他擁上城樓去見多鐸。多鐸沒有為難他，反而以禮相待，繼續勸他投降。但史可法依然沒有動搖。最後，他選擇了從容赴死，並在臨死前請求多鐸放過揚州城的百姓。

多鐸不是甚麼心善的人，他沒有聽從史可法的請求，而是放任士兵大肆屠殺城內的百姓，連小孩子也不放過，使昔日繁華的揚州城幾乎變成一座「死城」。

史可法死後，清軍繼續轉戰南方各地。在這個過程中，清朝的統治者頒佈了一項「剃髮令」。原來古代漢族男人的髮型一直是把頭髮紮起來盤在頭頂，而滿族男人則是把前半部頭髮剃光，後面梳成一條辮子留在腦後。為了徹底讓漢族人屈服，並在全國樹立起自己的權威，清朝統治者要求大家按照滿族的習俗實行剃髮，還要求漢族人穿滿族的服裝服飾。當時的大街小巷上到處都有抓人剃頭的場面，如果誰敢不聽命令，就要被拉去砍頭，這就是所謂「留頭不留髮，留髮不留頭」。

漢族人自古就重視衣冠禮儀，認為「身體髮膚受之父母」，不能輕易剃髮。所以，清朝的「剃髮令」引起了很多漢族人的憤怒和反對，為此還發生了好多次大規模的反抗鬥爭。很多人在戰鬥中失去了生命，其中最慘烈的就是清軍在嘉定地區的三次屠殺。就這樣，清朝統治者通過暴力屠殺等手段，鎮壓了各地的反抗，佔領了南方的地盤，收服了南方的百姓，並逐漸建立起對全國的統治。

揚州十日

清軍攻破揚州城後,多鐸就藉口揚州百姓不聽招降,下令屠城。清軍在揚州城內縱火搶掠,大肆屠殺百姓,連小孩子都不放過。大屠殺後,歷經幾世繁華的揚州城毀於一旦,城內屍骨堆積如山,血流成河,只有很少的人倖存下來。這場慘無人道的大屠殺一直持續了十天,因此被稱作「揚州十日」。

知識
加油站 文化

滿洲人的髮式

清朝前、中、後期髮式有很大差別。前期幾乎要剃掉所有頭髮,只留小拇指粗細的小髮辮;到了中、後期,留下的頭髮逐漸增多,結成粗粗的辮子。

前期　　　　中期　　　　後期

▲滿洲人的髮式演變

當時的世界

1645 年,史可法把守的揚州被攻破。1647 年,英國克倫威爾組建的新模範軍(後稱為議會軍)攻佔了哈萊克城堡,「第一次英格蘭內戰」宣告結束。

鄭成功收復台灣

向寶島進發 ‧‧‧‧‧‧‧‧‧‧‧‧‧‧‧‧‧‧‧‧‧‧‧‧‧‧

　　打開中國地圖，你會發現右下方有一個島，它就是我國的寶島台灣，是我國領土不可分割的一部分。但是你可能不知道，這個島曾經被荷蘭侵略者霸佔了整整三十八年。幸好，有一位民族英雄趕走了荷蘭侵略者，才使它重新回到了祖國的懷抱。你知道這位英雄是誰嗎？他又是怎麼收復台灣的呢？

　　台灣自古以來就是我國的領土，但在明朝末年，國家衰敗，朝廷沒有精力去管東南地區的海防，使西方殖民者有了可乘之機。1624年，一些荷蘭人來到台灣，並在這裏一步一步地擴大自己的勢力範圍。明朝滅亡後，這些殖民者更加肆無忌憚，直接把台灣當成了自己的地盤。而此時，南方又相繼建立起幾個明朝的小朝廷，其中在福建建立的唐王政權和一個叫鄭芝龍的人有很大的關係。鄭芝龍可是大有來頭，他在早年間通過經商積累了很多財富，後來成為東南沿海地區最大的海商，同時也是非常有名的海盜，集商人、海盜、官員等多重身份於一身。

　　鄭芝龍的兒子叫鄭成功，他從小就勤奮好學，逐漸成長為一個能文能武的有志青年。清軍逼近福建的時候，鄭芝龍知道明朝大勢已去，決定偷偷投降清朝。鄭成功知道後強烈反對，他極力勸說父親，但並未能改變父親的心意。無奈之下，他決定和父親斷絕關係。隨後他棄文從武，組織父親以前的部下，將廈門、金門作為根據地，繼續和清朝對抗，並很快在東南沿海一帶形成了一支強大的武裝力量。

鄭成功一心想復興明朝，先後三次向北方發起進攻。在第三次進攻中，鄭成功率領着他的十七萬水陸大軍浩浩蕩蕩地進發，一開始運氣好得不得了，一路戰無不勝，沒花多少時間就攻佔了很多地方，一度打到了南京城門口。當時，清廷見鄭成功來勢洶洶，一邊搬救兵，一邊假裝要和鄭成功談判。而接連的勝利讓鄭成功有點驕傲自滿了，他麻痺輕敵，中了清軍的計謀，以為對方真的要投降，就遲遲不攻打南京，只把它圍了起來。等清軍六路增援大軍到了之後發起反攻，鄭成功的軍隊受到重創，只好又退回到廈門一帶。

　　這一敗就有點麻煩了。本來清廷在前幾年為了掃清東南沿海的抗清勢力，就下令不准沿海地區的船隻去大海裏面捕撈，還勒令沿海地區的居民往內地搬家。鄭成功兵敗回到廈門後，清軍乘勝追擊，派了很多士兵前往福建，想一舉把鄭成功所部殲滅，鄭成功的處境變得越來越困難。

　　就在這時，鄭芝龍之前的部下、當時擔任荷蘭東印度公司通事的何斌來到廈門，把台灣的地形、荷軍的兵力部署等情況都非常詳細地告訴了鄭成功，極力勸說他收復台灣。鄭成功覺得台灣進可攻退可守，確實是個好去處，便聽從了他的建議。

　　荷蘭侵略者可不是吃素的，他們擁有先進的武器，鄭成功想要攻下台灣並不容易。不過鄭成功積極訓練士兵，購買了不少火器裝備，還修補了艦船。等到一切就緒，鄭成功就帶着二萬五千名士兵從金門出發，吹響了攻取台灣的號角。這時，從哪裏登陸成了首要問題。熱蘭遮城（今台灣台南市安平區安平古堡）旁邊可通行大船的深水航道都處在荷軍重炮的有效射程之內，還有很多人把守，從這裏登陸難免會死傷很多士兵。在何斌的引導下，鄭成功選擇了以鹿耳門港（今台灣台南市安平區西北）為突破口。這裏航道狹窄迂迴，並且沒有人把守，攻略相對容易很多。趁着大潮的勢頭，在台灣民眾的幫助下，鄭成功的部隊順利駛入鹿耳門港灣，成功在台灣登陸。

　　接下來，鄭成功迅速展開進攻，一面進行軍事打擊，一面給荷蘭殖民者寫信，說台灣是中國的土地，要求他們無條件歸還台灣。但是荷蘭殖民者不肯輕易就範，鄭成功先攻克了赤嵌城（今台灣台南市），然後把荷

蘭殖民者在台灣的統治中心——台灣城團團圍住。荷蘭人也沒有坐以待斃，他們從巴達維亞（今印尼雅加達）搬來了七百名援軍。不過這些援軍也不是鄭成功的對手，鄭軍在激戰中燒毀了荷軍的主力艦，擊沉了一艘戰艦，還俘獲了好幾艘小艇，把這些援軍嚇得倉皇逃命，再也不敢過來了。沒有了援軍，荷蘭殖民者也堅持不下去了，在被圍困九個月之後，他們彈盡糧絕，只好乖乖投降了。

　　鄭成功趕跑了侵略者，收復了台灣。他將台灣劃分了府縣，又制定律法、興辦學校，還向台灣的高山族人民傳授漢族先進的技術。鄭成功採取大量措施來經營這個島嶼，促進了台灣的社會經濟發展，不愧為名垂青史的民族英雄。令人惋惜的是，鄭成功收復台灣後不久就去世了，年僅三十九歲。

知識加油站 軍事

鄭成功軍隊的武器

　　明朝時期，火炮的使用已經比較廣泛了。鄭成功收復台灣時使用的火炮主要是佛朗機火炮。這種火炮是從葡萄牙傳進來的，它的構造和操作都比較簡單，主要由前端的炮管、後端的炮腹和炮腹中的子炮組成。開炮時，炮兵先將火藥彈丸填進子炮裏，再把子炮裝進炮腹裏面，最後點燃子炮的火門就可以射擊。

當時的世界

　　1661 年，法國路易十四親政，法國由此進入到波旁王朝路易十四時代。1662 年，鄭成功驅逐荷蘭殖民者，正式收復台灣。

千古一帝康熙

看！滿臉痘痕的皇帝

　　清朝入主中原的第十八年，順治皇帝突然生病了，而且得的還是一種絕症——天花。這種病在當時奪走了很多人的生命，醫生拿它沒有一點辦法。在生命的最後幾天，順治皇帝與母親孝莊太后商量後，立自己八歲的兒子玄燁為太子，並把索尼、鰲拜、遏必隆、蘇克薩哈四位有能力的大臣召來，讓他們輔助年幼的玄燁。

　　幾天後，順治皇帝就去世了，因為出天花留下滿臉痘痕的玄燁順利登基，這就是康熙皇帝。大家八歲的時候都在上小學，康熙皇帝也和我們一樣，每天都要去南書房上學，朝政大事則由前面說的四位輔政大臣處理。四位輔政大臣以索尼為首，但是索尼年紀大了，經常生病，處理朝政便有些吃力，後來又去世了，另一位大臣鰲拜便逐漸接替索尼，掌握了最大的權力。鰲拜這個人是武將出身，非常的蠻橫，野心也非常的大，誰要是和他有矛盾，他便想方設法除掉誰。蘇克薩哈一直和他有矛盾，他便擅作主張把蘇克薩哈給殺了，根本不把康熙這個小皇帝放在眼裏。

　　康熙年齡雖小，卻也不是個任人擺佈的軟柿子，他從小就苦讀詩書，立志要做個好皇帝。轉眼六年過去，康熙皇帝十四歲了，按照規矩，他可以親自處理朝政了，可是鰲拜依舊把持着朝政。康熙自然不會白白地讓鰲拜成為自己完全掌控政權的絆腳石。因此，在鰲拜得意忘形的時候，康熙就已經在籌謀着要將他鏟除了。鰲拜一身武藝，是滿洲的「第一巴圖魯」，意思就是最強的勇士，要擒拿他並不容易。康熙很聰明，他先是不動聲色，藉着貪玩的名義召集了一大批少年侍衛在宮中練「布庫」，就是現在的摔跤運動。等到布庫少年們練出幾分成績了，康熙就命鰲拜進宮來與他們切磋。鰲拜一直把康熙與這些少年侍衛的遊戲看作小孩子的打打鬧鬧，根本沒把他們當回事，與這些少年切磋時也抱着鬧着玩的心態。但是沒想到的是，這些少年侍衛突然間一擁而上，把他壓倒在地，對他拳打腳踢。等鰲拜回過味來想反抗時，已經晚了，他已被這些少年拿出繩子綑住了手腳。康熙皇帝擒拿了鰲拜後，歷數他的罪狀，將他囚禁了起來，並且誅殺了他的大批黨羽，將朝政大權掌握到了自己的手裏。

　　這一下，康熙大權在握，是不是可以踏踏實實當皇帝了？其實並沒有。大家還記得那個引清兵入關的吳三桂嗎？清朝統治中原後，他和另外兩個有功的漢人被封為王。這三個漢族王爺都有自己的封地，掌握着大批的軍隊，稱為「三藩」。

康熙掌權後，一直將三藩視作心腹大患。吳三桂也知道這一點，就上書康熙申請退休養老，想看看皇帝會不會挽留自己。

沒想到，康熙不僅下令撤掉吳三桂，並且連同另外兩個藩王一起撤。這可把吳三桂氣壞了，他立刻聯合另外兩個藩王，一同起兵對抗朝廷。為了得到漢人的支持，他甚至打起了「興明討虜」的旗號。這一招還真有點效果，三藩得到了很多漢人的響應。但是，康熙並沒有慌張，他立刻就確定了戰略戰術，堅決打擊吳三桂，不給他妥協講和的機會，對另外兩位藩王則是能招撫就招撫，只要投降，既往不咎。康熙派出大軍攻打三藩，其他兩位藩王很快就投降了，吳三桂則是一敗再敗，最後生病去世了。

康熙用了八年時間平定了三位藩王的叛亂，隨後便將目光投向了台灣。此時，鄭成功早就去世了，掌管台灣的是他年僅十二歲的孫子鄭克塽（shuǎng，粵音爽），而實際控制權則掌握在馮錫範等官員的手裏。一些官員對馮錫範非常不滿，生了向清廷投降的異心。一直在關注台灣動向的福建總督姚啟聖認為這是一個進攻台灣的好時機，很快就向康熙推薦了一名得力幹將施琅，請求康熙讓施琅帶兵出征台灣。康熙同意了姚啟聖的建議，任命施琅為福建水師提督，率領船隊攻台。施琅不辱使命，在澎湖打敗了鄭氏軍隊，率兵在台灣登陸。鄭克塽見無力和清軍對抗，便向施琅投降了。台灣因此歸入到清朝的版圖，康熙將台灣設為台灣府，由福建省管轄。

所謂「一波未平，一波又起」，內政穩得差不多了，東北邊境地區又鬧了起來。原來，早在清兵入關的時候，沙俄遠征軍就在東北黑龍江一帶為非作歹，燒殺搶掠，無惡不作。康熙第一次派兵去征剿的時候手下留了情，在將沙俄侵略者趕出雅克薩城（今俄羅斯阿爾巴津）後就撤回了大部分兵力，只留了一小批人駐守。沒想到沙俄人背信棄義，在兵敗後一年內又捲土重來，佔領了雅克薩城。沙俄的這一行徑讓康熙十分生氣，他立即下令反擊，派了兩千多名清兵切斷俄軍外援，將他們困死在雅克薩城。沙俄官員見局勢不妙，急急忙忙遣了使臣找清廷議和。雙方便在一個叫尼布楚（今俄羅斯涅爾琴斯克）的地方締結了《尼布楚條約》，對兩國的領土範圍進行了清晰的劃分。

可是沙俄人心懷鬼胎，他們的使者趁着來簽條約的機會，還接見了蒙古準噶爾部落的代表，慫恿準噶爾部落去攻打其他蒙古部落，使得整個西北地區十分混亂。康熙皇帝在接到那些被準噶爾部落欺負的部落求援後，斥責了準噶爾部落的行徑，命令準噶爾部落首領噶爾丹趕緊撤兵。但噶爾丹自恃有沙俄當靠山，不但不聽從，還囂張地南下進攻。康熙見狀，一面就地招兵買馬圍堵噶爾丹，一面調兵遣將北上親征，直至噶爾丹在眾叛親離中死去方才罷休。

康熙在位期間，解決內憂外患，穩固了清朝的統治。康熙一面征戰，一面在國內減輕繇役，治理水患。他還制定了開明的民族、外交和文化政策，注重選拔人才，優待人才，一手打造了大清的盛世。

知識加油站 事件

康熙遇到天花大流行

天花曾經是世界上最強的傳染病之一，目前已經被消滅了。在清朝的時候，由於醫療條件有限，上至皇帝，下到平民百姓，都非常害怕天花。康熙出生的時候就遇到了天花大流行，並在兩歲的時候患上了天花。雖然在乳母的精心照料下，他撿回了一條命，卻在臉上留下了一些大大小小的痘痕，看起來很不美觀。不過，正是因為康熙得過天花，有了免疫力，順治皇帝才將皇位傳給了他。

當時的世界

1689 年，中俄《尼布楚條約》簽訂。英國議會邀請瑪麗公主與她在荷蘭執政的夫婿威廉三世共同統治英國，歷史上稱為「光榮革命」。由此，英國建立了世界上第一個長期穩定的君主立憲制國家。

「勞模」皇帝雍正

一年只放三天假

　　大家都喜歡過週末和暑假，因為可以在家休息，可以出去遊玩，做自己喜歡做的事。但歷史上卻有這樣一位皇帝，他每天不停歇地工作，幾乎沒有甚麼娛樂和休息的時間，一年只給自己放三天假，堪稱皇帝中的「勞模」。他是哪位皇帝呢？接下來我們就來認識認識他。

　　康熙皇帝在位時，太子本來是二皇子胤礽（yìn réng，粵音刃形）。但這個太子後來變得越來越驕縱蠻橫，還和很多大臣勾結在一起圖謀不軌，康熙一生氣就罷黜了他。這下，其他皇子都坐不住了，紛紛加入爭奪太子之位的行列，整天勾心鬥角，明爭暗奪。四皇子胤禛（zhēn，粵音真）最初並不討康熙的喜歡，但他做事很有心計，表面上不爭不搶，待人和氣，背地裏卻在默默積累實力。最後他從眾多皇子中脫穎而出，取得了

皇位之爭的勝利，這就是雍正皇帝。這一場皇位爭奪戰，也被人們叫作「九子奪嫡」。

雍正皇帝性格雖然不太討人喜歡，但治國還是很有本事的。康熙後期，因為繼承人的事實在惹人心煩，康熙就對朝堂上的事情過問得少了，對貪污的官吏也是睜一隻眼閉一隻眼，隨他們去了。這就導致吏治不斷腐敗，清朝的國庫裏沒有錢，糧食也出現短缺。雍正即位不久，就迅速在全國展開了一場吏治整頓運動，懲辦那些貪得無厭的貪官，清理之前留下的虧空。沒有按要求補足虧空的貪官不是被罷免，就是被抄家，還有的畏罪自殺了。經過一番整頓，國庫不但充盈起來，貪官污吏也得到了懲治。

作為著名的「勞模」皇帝，雍正可是一刻都沒閒着。在懲辦貪官的同時，他還推行了一些改革，首先就是實行耗羨歸公和養廉銀制度。在古代，徵稅是一個漫長的工作，一些碎銀兩還要熔鑄成銀錠後再上交到國庫，最後國家收到的稅款難免會有一些損耗，所以地方官員在徵稅時往往會徵收一些附加稅，這就是所謂的「耗羨」。但耗羨又沒有統一的標準，

徵收多少全看官員的良心。很多官員經不起錢財的誘惑，使勁地壓榨百姓，最後耗羨都進了自己的口袋，貪污現象非常嚴重。所以當時社會上流傳着「三年清知府，十萬雪花銀」的説法。為了改變這個狀況，雍正決定實行耗羨歸公，把這些耗羨提存入省庫，切斷了耗羨和地方官吏的聯繫，把這些錢用在彌補虧空和其他公事上，同時給官吏發養廉銀，增加官員的收入，讓他們不再通過貪污來斂財。

其次，雍正實行了攤丁入畝的賦役政策。中國古代一直都有一種人頭稅，按人口來計算，每一個男性在成年之後都要繳納這種稅款。在清朝剛剛建立時，社會比較混亂，經濟也很困難，為了增加國庫的收入，居然出現了把死人的人頭稅算到活人身上的情況。老百姓對這種做法當然不滿，於是紛紛抗議。康熙為了平息民怨，曾經下旨免去新增人口的人頭稅，但這並不能從根本上解決問題。做事雷厲風行的雍正決定直接改革，實行一種叫作「攤丁入畝」的政策，具體來説就是廢除人頭稅，把各項稅賦都攤入田畝中統一徵收，地多的多交稅，地少的少交稅，沒地的不用交稅。這樣老百姓就不怕生孩子了，清朝的人口很快就多了起來。

在政治制度方面，雍正也有一些創新。當時蒙古的準噶爾部又開始叛亂，西北經常發生一些戰事。軍務問題向來比較緊急，還需要保密，同時雍正也想擴大自己的權力，於是他乾脆在自己的宮殿附近弄了一排值班房，挑選幾個他非常信任的官員組成了一個名為「軍機處」的機構。軍機處最初只是處理緊急軍務的臨時機構，配備簡陋得很，只有幾間板房。戰事結束後，雍正覺得軍機處用起來還挺順手，就擴大了它的規模，把軍機處的業務範圍延伸到了日常政務上，讓軍機處的官員們隨時聽從他的指示，替他擬寫諭旨，再分發到各地官員手裏。而且，雍正還給軍機處定下了「當日事當日畢」的規矩，軍機處的官員們每天要處理幾十份奏摺，起得比雞早，睡得比狗晚，經常熬夜加班。就這樣，這個不起眼的機構成了雍正集中權力、控制朝政的絕佳工具，最後甚至變成了大清朝的權力中心。

清朝時，我國西南地區有很多小部落。朝廷一直以來都採取安撫政策，在當地實行土司制度，由他們自己人管自己，部落首領還是世襲的，

這就造成了地方和中央的對立。雍正看到這個問題，就想取消土司的特權，由中央派流官去管理這些小部落，這就是所謂的「改土歸流」。消息傳出去後，各地的土司們都不服氣，一些土司乾脆發動叛亂。但他們那點兵力哪裏能成氣候？雲貴總督鄂爾泰大手一揮，直接派兵武力鎮壓。土司們沒辦法，只好無奈地接受了這個現實，改土歸流很快就在西南各地實行起來。

除此之外，雍正也沒有放鬆對臣民思想上的控制。曾經有一位官員做了一首詩，詩中有「明月有情還顧我，清風無意不留人」這樣一句話。這本來只是一句關於「明月」和「清風」的詩句，但卻被誣告說有「反清復明」的思想。最後不但作者丟了腦袋，還牽連了很多人。類似這樣因言獲罪的事件還有很多，貫穿了整個清代二百多年的歷史，被稱為「文字獄」。

總的來說，雍正雖然不如自己的父親康熙和兒子乾隆那樣風光有名，但卻是一位非常勤勉的皇帝，處事果斷，雷厲風行。他每天除了辦公就是辦公，睡眠時間不足四個小時，並且從不出門旅遊放鬆。在如此高強度的工作狀態下，雍正的身體累垮了，僅僅當了十三年皇帝，就在圓明園突然患病身亡。

知識加油站 制度

祕密立儲制度

由於「九子奪嫡」過於慘烈，雍正當上皇帝後就想避免這一情況。他想了一個好辦法，就是祕密立儲，不再公佈太子的人選，而是由皇帝選好皇位的繼承人，然後寫一道傳位密旨，一式兩份，一份由皇帝貼身珍藏，一份藏在錦匣裏面，再把這個錦匣放在乾清宮「正大光明」匾額的背面。這樣大家都不知道誰是繼承人，也就會再勾心鬥角了。等到皇帝駕崩後，大臣們就根據密旨迎立新的皇帝。這就是祕密立儲制度。

「十全老人」乾隆

非常「自戀」的皇帝 ·····················

不知道大家有沒有見過特別「自戀」的人？他們總是陶醉在對自己的崇拜當中，覺得自己做甚麼都特別棒，做甚麼事情都是最頂尖的。清朝的乾隆皇帝就是這樣的一個人。

為甚麼說他是個自戀的人呢？還得從他的文治武功說起。

乾隆皇帝從他的父親雍正皇帝手裏接過大清江山之後，勵精圖治，着實是做出了一番成績來。

他先是花了些心思，探索出了一條「寬嚴並濟」的為君之道，一改雍正嚴厲冷酷的執政風格，在朝野上下赦免了一批曾經被他父親問罪囚禁的皇親國戚和官員，把他們都妥帖地安排在了合適的崗位上繼續工作，營造出了一個輕鬆的朝堂，收買了臣子們的心，讓百官都更樂意為他效力。

他又派出了不少官員去到田野鄉間興修水利，鼓勵百姓們開墾荒地，種植棉花、馬鈴薯之類容易有收成的農作物，組織那些生活在惡劣環境中的人移民，讓他們搬到好一點的地方居住，還大力減免賦稅，解決了百姓們的糧食問題。

不僅如此，乾隆還平定了準噶爾、新疆回部、大小金川、台灣等多地的叛亂，降伏了緬甸、安南（今越南）、廓爾喀（今尼泊爾中）等區域，大大小小一共打了十場大勝仗。乾隆皇帝為此十分得意，自詡為「十全武功」、「十全老人」。

乾隆皇帝很好地繼承了康熙與雍正留給他的江山基業，並把它推上了一個鼎盛的巔峯。當時，全國上下經濟一片繁榮，城市商鋪林立，農村耕地面積有六百多萬頃，人口有三億。所以，後人們就將康熙、雍正、乾隆這三位皇帝治理的這一百多年稱為「康乾盛世」。

此情此景下，乾隆皇帝就有點飄飄然了，他本來就沒有吃過甚麼苦，過的是錦衣玉食的生活，國庫一不缺錢，他就更肆無忌憚地發展了一些

「燒錢」的愛好。甚麼愛好呢？第一個就是下江南旅遊，去一次還不夠，一共去了六次。

說到這，大家是否還記得前面一些皇帝的出巡？比如隋煬帝下揚州，就花了很多錢。乾隆不但是個皇帝，而且是一個喜歡講排場的皇帝，他旅遊可不像我們普通人出遊一樣輕裝簡行，他要的是大排場，要的是處處的優待和尊敬。

所以，乾隆旅遊團每次出行，跟他祖父康熙微服私訪完全不一樣，永遠都是前呼後擁一大批人，皇太后、皇后、妃子、臣子，再加上伺候起居的太監宮女，至少都是兩千五百人，每個人的生活都要花錢。

江南一帶的官吏見到皇帝的機會很少，所以皇帝一來，大家都更加地討好。乾隆要順着運河遊江南，百官們就準備了一千多艘龍舟和隨行船

隻，每個龍舟都由年輕的男子和婦女拉縴，俗稱「龍縴舟」，運河兩岸還搭滿了戲台、彩棚，沿河還有無數的彩船。

乾隆要下船落腳休息，一些鹽商就捐錢修築行宮，開湖堆山，建樓造園，把行宮修得富麗堂皇，小到一個痰盂都是拿銀絲製成的，奢華無比，哄得乾隆喜笑顏開，給這些鹽商們都賜了頂戴。

乾隆高興了，周遭的百姓可就慘了。因為乾隆的旅遊花費實在是太大了，每一次迎接聖駕的排場至少都要花二三十萬兩白銀，羊毛出在羊身上，最後都是從百姓們身上壓榨。

乾隆的第二個「燒錢」愛好就是過生日，不僅給自己過生日，還要給皇太后過生日。每一次過生日都是大操大辦。像給皇太后過六十大壽，乾隆就令人把西華門到西直門高梁橋外十里長街都掛上燈籠，佈置上彩布，隔幾十米就搭一個戲台，每個戲台上表演不同的節目，南腔北調，鑼鼓喧天，熱鬧之極。此外，他還耗費了四百八十萬兩白銀修建了清漪園，也就是現在頤和園的前身。

上行下效，皇帝都這麼奢侈了，百官也就跟着仿效，追求享樂逐漸成了一種社會風氣。那些官僚們爭相住豪宅，穿華服，吃珍饈。可官員們的俸祿並不能支撐他們過這樣奢侈的生活，怎麼辦呢？貪污。漸漸地，整個朝堂冒出了越來越多的貪官，最大的貪官就是後面我們要講到的乾隆的寵臣和珅了。

乾隆皇帝還有一個愛好是作詩。他有多喜歡作詩呢？出去遊玩要作詩，吃了好吃的要作詩，看到好玩的東西也要吟詩一首。七七八八算下來，乾隆一生一共作了四萬多首詩，是李白一生所作的詩歌數量的四十倍。

不過，乾隆皇帝的詩大多都是一些打油詩，留下來的也不多，最著名的是他在紫禁城下大雪的時候作的一首《飛雪》：「一片一片又一片，兩片三片四五片，六片七片八九片，飛入蘆花都不見。」

你覺得這首《飛雪》寫得如何？反正乾隆皇帝對自己的作品是挺滿意的，而且他自己滿意還不夠，他還要向王公大臣們展示自己的作品，讓臣子們都來評價他的詩歌寫得怎麼樣。

天子的作品自然是沒有人敢批評的。所以，大臣們在點評乾隆詩作的

時候，就只撿乾隆愛聽的話說，把乾隆皇帝哄得飄飄然，認為自己可以跟清朝才子、大學士紀曉嵐一較高下，是個妥妥的大詩人了。

乾隆還大興文字獄，終其一朝，文字獄案件約有一百一十起，佔了整個清朝文字獄案件的百分之七十左右。這些文字獄對當時和此後中國社會和文化的發展產生了惡劣的影響。

說到這，大家是不是對乾隆皇帝有一點認識了？其實，乾隆皇帝是一個很多面的人，他不像自己所說的那麼完美，也不至於一無是處。他發展了康熙和雍正留給他的江山基業，打造了「康乾盛世」；同時也是他，使得清王朝從此由盛轉衰。

京劇的誕生

乾隆五十五年（1790 年），乾隆皇帝八十大壽，由安徽籍藝人組成的四個大戲班陸續來到北京，他們與來自湖北的漢調藝人合作，將漢調融合到戲曲中，還吸收了秦腔、崑曲、京腔中的曲調與表演方式，最終形成了京劇。京劇的表演題材廣泛，根據角色類型劃分，可分為生、旦、淨、末、丑五個行當。

當時的世界

1776 年，清軍平定了四川大小金川叛亂，這是乾隆皇帝「十全武功」之一。1776 年，世界上發生了三件改變人類歷史進程的大事。第一件事是喬治‧華盛頓等人發表了《獨立宣言》，宣佈人人生而平等，享有生命權、自由權和追求幸福的權利，它成了北美人民爭取獨立的精神旗幟，為美國獨立奠定了基礎。第二件事是英國著名的經濟學家亞當‧史密斯出版了《國富論》，這部書創造了第一個政治經濟學系統，亞當‧史密斯也因此被稱為「經濟學之父」。第三件事是英國的瓦特製造出第一台具有實用價值的蒸汽機，使蒸汽機真正具有了工業化意義，也為日後的「英國工業革命」創造了前提條件。

《四庫全書》
幾千人一起編撰一部書 · · · · · · · · · ·

　　要說我國古代最大的一部書，非《四庫全書》莫屬了。它到底有多大呢？它把上自先秦、下至清朝乾隆年間的重要書籍全部都收錄進來了，加起來總共有 3,461 種書，約九億字，被裝訂成三萬六千多冊，裝入六千一百多個函套中。如果把它們一頁一頁連在一起，足夠繞地球赤道一圈還要多。

　　還有人曾經做過這樣一個假設：一個人從他出生那天就開始讀《四庫全書》，每天讀十小時，每小時讀三千字，一天也不間斷地讀，一直讀到他八十歲，也未必能把這部《四庫全書》讀完。這部書是不是足夠大呢？

　　光讀完都要這麼長時間，那編纂這部書需要多長時間呢？它又是怎麼誕生的呢？

　　說到《四庫全書》的誕生，朱筠這個人十分關鍵。朱筠是福建的地方官，主要管理教育工作。他知道乾隆對現在的藏書有些不滿，於是就對乾隆皇帝說：「陛下，大清在您的治理之下國泰民安，銀兩充足，人才濟濟，正是做大事的最佳時機，前朝的明成祖編修的《永樂大典》傳到現在，丟的丟、散的散，殘破不堪，眼看就要傳不下去了。您如果能把那些丟失的內容找回來，再重新編修一遍《永樂大典》，天下的文人志士必然對您刮目相看。」

　　乾隆皇帝聽完朱筠的建議十分高興，這不正是我自己想做的嗎？一來可以通過編修歷代文化典籍讓自己名垂千古，二來也可以藉此機會搜羅並銷毀那些對清朝不利的著作，斬斷反清言論的傳播根源。

　　當然，對於好大喜功的乾隆皇帝來說，僅僅增補續編《永樂大典》太「小兒科」了，拾人牙慧也實在不符合他的氣質。所以乾隆決定，要把以前全部的書籍都收到這個全書中來。用現在的話說，

《四庫全書》就是一個最全的「中國古代書籍資料庫」。

　　1773 年，《四庫全書》編修工作正式展開，上至高官，下至百姓，甚至乾隆皇帝本人，都積極參與到《四庫全書》的編修工作當中。

　　首先是尋找藏書。皇宮再大，藏書也是有限的，需要大量收集民間的藏書。為此，清政府制定了一個很詳細的獎勵法來鼓勵大家踴躍進獻書籍，就是按照獻書數量多少來給予不同程度的禮品。假設你是一個大藏書家，你大方地將家裏的五百本藏書都獻出來，那麼你就可以得到一本《古今圖書集成》作為留念，還可以在《四庫全書》上留個名，說不定還可以獲得乾隆皇帝的親筆簽名呢。獎賞令發出後，老百姓都積極地進獻藏書。清政府大約花了七年的時間，從皇宮藏書、地方政府藏書、私人藏書和社會上流通的書籍，還有殘存的《永樂大典》中，收集整理出了一萬兩千多種圖書。

　　原始資料有了，接下來就是編輯整理了。這件事必須是學識淵博的官員才能勝任，於是乾隆找到了大學士紀昀，也就是大家耳熟能詳的紀曉嵐來負責。

　　負責人有了，那接下來就得有人編輯了，我們就叫他們為「編寫組」。這個「編寫組」也全是文學名家，比如大學士劉墉、清代桐城派文人代表姚鼐（nài，粵音乃），都在這個組待過。

　　當然，皇親貴胄也沒閒着，這些人以乾隆皇帝為首，組成了二十多人的「顧問團」，負責指導和監督《四庫全書》的編修工作。因為《四庫全書》有一項任務就是剔除那些對大清不利的思想和言論，有些人拿不定某個句子是不是有反清的思想，於是就直接問乾隆。他說是就刪除，他說不是就保留。

　　書編好後，就得找「抄寫組」了，因為古代沒有打字機，只能全部手工抄寫。為此，乾隆下令從全國各地徵集寫字工整的人，規定每個人每天的工作量，超過工作量並且字跡工整者就給予額外獎賞，字跡不工整、沒達到數量的就會被懲罰，甚至開除。這個組的人數更是相當可觀，前前後後加起來有超過三千八百人之多。

　　從決定編修開始，再加上整理、編寫、抄錄和校訂等工作，《四庫全

書》的編修前後共用了十九年之久，直接參與人數高達四千二百餘人，堪稱前無古人。

　　《四庫全書》編纂完成後，乾隆皇帝還專門在北京、承德、瀋陽、揚州、鎮江、杭州等地修建藏書閣，用來保存七部珍貴的《四庫全書》，足見這部書在乾隆心中的分量有多重。不過可惜的是，到了清代晚期，《四庫全書》備受戰火與人禍等因素的多重影響，僅三部半完整保留至今，即文淵閣、文津閣、文溯閣本，以及半部文瀾閣本。今天，我們仍然可以在北京、甘肅、杭州、台灣等地見到這部出版史上的奇跡之作。

《四庫全書》對文化和歷史的毀壞

　　乾隆皇帝藉着修《四庫全書》的便利大興文字獄，處理掉了近十五萬冊對清朝統治不利的圖書、八萬餘塊版冊等，還牽強附會地給一些江南讀書人扣上「反清」的帽子，把他們殺掉。另外，朝廷還在乾隆授意下，有系統地銷毀和篡改明朝的檔案資料，尤其是明朝天啟、崇禎時期的兵部檔案，使得明代檔案資料只剩下三千多件。從這一方面來講，修《四庫全書》實際上是以「修書」為名的「焚書坑儒」。

當時的世界

　　1791 年，美國正式頒佈《權利法案》並開始實施。這是世界近代史上第一部成文憲法。1792 年，《四庫全書》完成。

禁海令與閉關鎖國

給國門上了一把鎖 ·································

　　說到閉關鎖國，很多人可能要開始罵乾隆了，說是乾隆閉關鎖國的政策導致了中國的衰敗。其實，中國在近代的衰敗確實開始於乾隆時期，但是閉關鎖國這個政策並不是乾隆發明的。

　　元末明初，日本開始了「戰國時代」，但是這個戰國其實就相當於幾千人和幾千人打架的規模，那些被打敗的人被趕出日本。這些沒有地方去的日本人聽說中國地大物博，就打起了歪心思，聯合中國沿海一帶的居民搶劫貿易貨船。這就是海盜。這些海盜在海上跑來跑去，難以集中消滅，明太祖朱元璋就下令實行海禁。

　　海禁的意思就是老百姓不能出海，外國商人也別想來明朝做生意。

自此以後，除了中間有過短暫開放，明朝一直遵循着朱元璋的閉關鎖國政策。

　　明朝滅亡後，一些效忠明朝的勢力並沒有屈服，比如鄭成功。鄭成功依靠大陸眾多百姓的支持，不斷向東南沿海的清軍發起攻擊，清王朝亟須鏟除這根眼中釘、肉中刺。為此，清王朝採用了「截糧草」的辦法，嚴禁沿海的老百姓出海貿易和打魚，斷掉沿海百姓對鄭成功的支持。沒有了糧食和武器的鄭成功，戰鬥力很快就不行了，吃了幾場敗仗後，只能退守到台灣島上。清政府為了防止鄭成功再次登陸，又頒佈了一項更嚴格的「禁海令」，在限制浙江、福建、廣東沿海一帶居民出海的同時，還要求他們必須把家搬到遠離海岸的地方，這就是清朝前期禁海令的由來。

禁海令一出，世世代代靠打魚為生的沿海老百姓無法生存，慢慢地，有人成了海盜，有人成了流浪漢，有人成了地痞流氓，整個東南沿海越來越亂。

有的朝廷官員看不下去了，覺得禁海令不能再實施下去，便奏報當時的康熙皇帝。等到台灣被完全平定，沒有甚麼後顧之憂了，康熙皇帝就正式宣佈以前搬家的沿海居民可以回歸故土、重操舊業，可以在規定範圍內跟外國人做生意。

一時間，沿海地區的對外貿易很快就繁榮起來。沿海百姓們為了發家致富，紛紛下海經商，每年差不多都有上千隻商船去往馬來西亞、菲律賓、印尼等南洋國家做生意，連歐洲的葡萄牙、荷蘭等國家的人都過來了。

雍正皇帝登基以後，隨着外國人大量進入中國，中西方文化的差異經常導致衝突事件，因此雍正又逐漸收緊政策，不讓老百姓和外國人交流，尤其是眾多的傳教士成了被打擊的對象。

到了乾隆時期，這種現象越演越烈。乾隆雖然是一個有作為的皇帝，可他同時也是一個十分敏感的皇帝，為了便於控制老百姓思想，他下令外國人不能在大清隨意定居和旅行，只能在規定的幾個城市短暫停留。

乾隆皇帝過生日時，英國國王曾派一個叫馬甘尼的人組織了一個八百人的使團，來為乾隆祝壽，並想請大清開放天津等口岸。但是因為英國使團不肯對乾隆行三跪九叩之禮，乾隆皇帝很不高興，拒絕了對方開放通商口岸的請求。乾隆皇帝還下了一道聖旨，規定外國商人只能在廣州做生意，不能跑到其他城市；外國商人也不能直接跟政府的人有往來，所有的事務都要經由「廣州十三行」這個中介來處理。

有些洋人覺得廣州的關稅太高了，就繞過廣州去浙江做生意，這就導致廣州關稅收入驟減。為此，乾隆皇帝還專門提高浙江關稅，但是也沒能制止洋人的行為。這些洋人還讓中國僱員去告御狀，指責廣州海關亂收費。

乾隆皇帝是一個愛面子的皇帝，他認為大清地大物博，甚麼都不缺，跟洋人做生意只是照顧一下洋人，沒想到洋人反過來還指責大清。於是他

就進一步收緊政策，比如指定外國商人的住所，不准他們帶家屬過來，不准他們外出遊玩，等等。

在清朝閉關鎖國的同時，被看作「蠻夷」的西方國家卻在抓緊時間互通有無，轟轟烈烈地開展「工業革命」，很快就把大清遠遠甩在了身後。

廣州十三行

康熙年間，廣東地方官府招募了十三家實力較強的商行，負責代理海外的貿易業務，名為「外洋行」，被後來的人稱為「十三行」。乾隆時期，閉關鎖國政策開始實施，只留下了十三行這一個通商窗口。在此後的一百年間，它為清朝政府貢獻了百分之四十的關稅收入，因此又有「天子南庫」之稱。

當時的世界

1793 年，馬甘尼使團出使清朝，想要和清朝通商，卻遭到了乾隆皇帝的拒絕。1793 年，法國國王路易十六被處決，「法國大革命」達到了高潮。

和珅專權
貪官貪成了歷史第一

一提到古代最富有的人，你可能會第一時間想到皇帝，因為他們擁有天下的一切。不過在清朝乾隆年間，「首富」這個名號恐怕要冠在和珅和大人頭上。

跟影視劇裏憨態可掬的形象不同，歷史上真正的和大人相貌英俊、風度翩翩，他不僅精通四書五經，還會漢、滿、蒙、藏等好幾門語言，二十多歲就受到乾隆皇帝寵愛，在短短的時間內，就從一個儀仗隊侍衛，坐上了一等忠襄公的位置，還包攬了內閣首席大學士、領班軍機大臣、吏部尚書、步軍統領等好幾十個重要職務，一人之下萬人之上，錢、權在握。

升遷如此迅速，一定是有甚麼過人之處。和珅的過人之處在於他特別擅長揣摩乾隆皇帝的心思，能夠把乾隆皇帝交代的事情都辦得漂漂亮亮的，讓乾隆皇帝對他很是滿意。

在和珅還是儀仗隊侍衛的時候，有一次，乾隆皇帝聽下屬報告說有一個重要的罪犯逃跑了。乾隆聽後非常生氣，隨口說了一句：「虎兕（sì，粵音自）出於柙（xiá，粵音匣），龜玉毀於櫝（dú，粵音獨）中，是誰之過與？」這句話出自《論語》，意思是說：老虎和犀牛從籠子裏跑了出來，（占卜用的）龜甲和（祭祀用的）玉器在匣子裏毀壞了，這是誰的過錯呢？下面的侍衛聽到後面面相覷，都不知道皇上說的是甚麼，只有和珅在隊列中大聲地說道：「謂典守者不得辭其責耳。」這句話同樣出自《論

語》，意思是守護的人有責任，正好回應了乾隆。乾隆皇帝一聽，這侍衞還懂《論語》，立刻把和珅叫到跟前，破格提拔他為一等侍衞，安排到自己身邊。

　　升官了，距離皇帝也近了，和珅就更「盡心盡力」地為皇帝辦事，討皇帝歡心。盡心到了甚麼程度呢？説和珅是乾隆肚子裏的蛔蟲一點也不為過。

當時，有一位叫李侍堯的官員出身顯赫，十分得皇帝重用。但和珅跟這個李侍堯卻不是很合得來。因為在和珅掌管崇文門稅務的時候。李侍堯在過崇文門時沒有向和珅交進城的稅，還拿皇帝的印信來打壓他，這讓和珅懷恨在心，一直想找機會報復他。所以，等李侍堯去雲貴當總督的時候，和珅就收買了李侍堯身邊的官員海寧，要他舉報李侍堯貪污受賄，自己還親自去雲南查處了李侍堯。

按照清朝法律，李侍堯是要被處以死刑的，而且按照和珅有仇必報的性子，他也必然會上書建議皇帝判李侍堯死刑。不過，在其他大臣一致要求皇帝殺了李侍堯的時候，和珅卻很反常地建議判處李侍堯「斬監候」，也就是不立即處死，而是把犯人關到來年秋天，再作審判。

為甚麼呢？就是因為和珅敏銳地揣摩出了乾隆內心的想法，知道乾隆不想失去李侍堯這個心腹，有心要放他一馬。

你看，和珅這麼懂皇帝的心思，他不升職誰升職？和珅的官順理成章地越當越大，他的權力越來越大，膽子也越來越肥，常常仗着乾隆的寵信收受賄賂，勒索錢財。

有一次，兩廣總督孫士毅來北京向皇帝進獻一個用明珠製作而成的鼻煙壺，正巧被和珅看見了，他就對孫士毅説：「把這個鼻煙壺送給我好嗎？」孫士毅嚇了一跳，結結巴巴地説：「這個東西已經讓皇上看過了，實在不敢轉讓給和大人。」和珅聽後冷笑了一下：「我只是開玩笑而已，大人何必當真。」孫士毅一聽，以為這事就過去了，便鬆了一口氣。沒想到過了幾天，和珅就讓孫士毅去看自己的鼻煙壺。孫士毅一看，這不是我進獻給皇上的嗎？和珅告訴他，是皇上轉賜給他的。不過，孫士毅並不相信和珅的説法，多方打聽才知道，這鼻煙壺是和珅偷偷從宮裏弄出來的。

和珅這麼囂張，自然引起了很多人的不滿，對他最為不滿，甚至到了痛恨的程度的，就是乾隆皇帝的兒子、後來的嘉慶皇帝。所以，嘉慶剛掌權不到十天，就迅速以「二十條罪狀」令和珅上吊自殺了，並派人查抄了他的家。

這一抄家，就從和珅家裏查抄出了不計其數的金銀珠寶、古玩玉器，還有大量的房產土地，林林總總加起來，價值總額約有十一億兩白銀。這

是個甚麼概念呢？當時，清朝國庫每年的收入才四千萬兩白銀，和珅一人的財產能抵整個大清朝二十多年的國庫收入，和珅就好像一條蛀蟲，一點點地將清朝的底子蛀空了。如此結果，和珅「巨貪」的名號就坐實了，民間的百姓們還編了「和珅跌倒，嘉慶吃飽」的民謠來戲謔此事。

不過，如此誇張的財富，真的僅僅只靠貪污受賄就能積累起來嗎？其實不盡然。在和珅的財富構成裏面，除了金銀珠寶外，佔大頭的是三千間房屋、八千頃土地、四十二家銀鋪和七十五家當鋪。換句話來說，和珅的財富累積過程是一個「錢生錢」的過程，他用貪贓來的錢投資，靠着經商賺錢。不過，他的第一桶金來得太不光彩，後面經商賺錢當然也免不了有權力的因素。

另外，嘉慶對和珅的清算也不單純是因為厭惡他。和珅只不過是嘉慶親政後殺雞儆猴，為自己揚名立威的「墊腳石」。就算不是和珅，也會有王珅、李珅或者張珅。

知識加油站 制度

清朝有哪些當官的途徑？

清朝可以憑藉兩種方式當官，一種是我們常見的科舉入仕，也就是通過考試當官。另外一種就是門蔭入仕，指的是下一輩人憑藉上一代的功勳得到直接當官的特殊待遇。門蔭入仕包括了三個步驟，一是評家世，就是審核候選人家庭出身和背景。二是評行狀，即對個人品行和才能進行總評。最後才根據家世與行狀給候選人定品級。和珅就是憑門蔭入仕，以文生員身份承襲了三等輕車都尉。

小說家蒲松齡與曹雪芹

一文一白兩巨匠

在明朝的故事裏我們講了小說的起源與繁榮，講了四大名著裏的三部。到了清朝時，又出現了很多偉大的小說，其中最著名的就是《聊齋誌異》和四大名著之一的《紅樓夢》。

在我國古典小說園林中，《聊齋誌異》和《紅樓夢》這兩部著作絕對算得上是燦爛奪目的奇葩，前者代表着中國古典短篇小說的最高峯，後者則是當之無愧的中國古典長篇小說標杆。

《聊齋誌異》講述的是一些神鬼狐妖的故事。這些故事大致可以分為三類，每一類都有不同的主旨。一類是描繪才子佳人的浪漫愛情，比如《小謝》，說的是一個叫陶望三的貧寒書生在姜部郎的鬧鬼大院借宿時，

結識了被姜部郎害死的兩個女鬼小謝和秋容，幫她們一起收拾了姜部郎，並與還魂的小謝結為秦晉之好。

　　一類是抨擊科舉制度對讀書人的摧殘，比如《葉生》，講的是葉生因屢試不第抱憾而終，卻在死後附身在自己的知己丁公子身上，令本來不擅作文章的丁公子變得聰明起來，一路中榜當進士，藉由丁公子實現自己的科舉夙願的故事。

　　還有一類揭露了統治階級的殘暴和對人民的壓迫，《席方平》講述的就是席方平為父申冤，把狀從城隍廟告到了冥府，卻因官官相護，冤情難申的悲慘故事。

　　這些充滿想像力又發人深省的故事的作者，叫作蒲松齡。蒲松齡又是怎麼創作出來這些小說的呢？《三借廬筆談》裏面是這麼說的：蒲松齡為了搜集創作素材，就在自己的家鄉柳泉擺了一個茶攤，邀請路過的人坐下來休息喝茶。在人喝茶的時候，蒲松齡就讓他們給自己講他們聽說過的奇

聞怪事，然後他再對這些故事進行記錄、整理與加工，慢慢就形成了《聊齋誌異》。

不過，這個說法是沒有可靠依據的，蒲松齡也沒有做過「以茶換故事」的事。事實上，《聊齋誌異》的故事一部分來源於古籍中的記載，一部分演化自蒲松齡的真實經歷，還有一部分是蒲松齡在遊歷過程中的所見所聞。

說到這，大家可能就要問了，蒲松齡到底經歷了甚麼，才創作出了如此好的作品呢？其實，蒲松齡是個十分有才華的人，他從小飽讀詩書，十九歲的時候就連中縣、府、道童生試三個第一，是個家喻戶曉的「神童」。只可惜，他的科舉好運止步於此。此後，他考了無數次鄉試，一直考到七十二歲都沒中。朝廷體恤他年邁，才給了他一個「歲貢生」的頭銜。幾十年坎坷而又漫長的科舉之路，讓蒲松齡看清了官場的黑暗，也看透了社會的本質，更給他帶來了不少的苦悶。

可是，在當時的環境下，蒲松齡不可能將所有的不滿都直截了當地表達出來。於是，他就只能藉着《聊齋誌異》這本記錄天下奇聞怪事的書來展示他的滿腹才華，宣泄他的所有情感，指摘當時的社會不公，表達出他的反抗意識。正因為如此，《聊齋誌異》才能有如此高的藝術成就。

《紅樓夢》的作者曹雪芹跟蒲松齡有許多相似的地方，比如他們都有從高處跌落至深淵，從而看透社會陰暗面的經歷。蒲松齡是科舉場上失意，創作出了反抗現實的《聊齋誌異》，而曹雪芹則是家族沒落，才寫出了《紅樓夢》。

曹雪芹的家族是十分顯赫的，他的曾祖父曹璽的妻子孫氏做過康熙皇帝的保姆，享有一品太夫人的尊榮，祖父曹寅又是康熙的伴讀，在康熙皇帝南巡的時候接駕過四次，他們一家三代四口人做了五十八年的江寧織造，有錢又有權。不過，還沒等到曹雪芹長大，到雍正年間，他們跟皇帝的關係就不太好了，甚至還被抄了家。曹氏子弟想要繼續入仕當官也十分難了。

眼前過的是「舉家食粥酒常賒」的貧困日子，卻要常常聽族人懷念以前「烈火烹油」的繁華景象，家道的巨大落差自然令曹雪芹十分鬱悶。可

鬱悶的心情又向誰說呢？只能寄情文字了。於是，他耗費了十年時間，增刪了五次，用筆把自己家族的沉浮一筆一劃演繹成了《紅樓夢》中賈王史薛四大家族榮辱興衰的故事。

在他的故事裏，四個家族的沉浮映射了一個朝代的興亡。家族裏的每個人都有血有肉，沒有絕對的好人壞人。男主角賈寶玉更是性情怪僻，叛逆乖張，一生都在反抗，反抗男尊女卑的封建道德觀念，反抗沒有選擇權的婚姻，反抗傳統死板的入仕道路，等等。在他的身上，我們可以看到曹雪芹對封建家族觀念的鄙夷，對刻板教條的抗爭和對民主自由思想的嚮往。

遺憾的是，今天我們所看到的《紅樓夢》只有前八十回是曹雪芹所著，後四十回是由不同的作者續寫出來的。當年曹雪芹在完成《紅樓夢》後，就將書稿交給他的好友脂硯齋謄清。可在謄清的過程中，不斷有人爭相借閱，許多手稿就在傳閱中遺失了。曹雪芹也因為痛失愛子心情抑鬱，才四十多歲就與世長辭，來不及修補那些殘缺的部分了。於是，這樣一部曠世奇作便成了殘稿，給世人留下了諸多遺憾和未解之謎。

知識加油站 文學

儒林外史

除了《聊齋誌異》和《紅樓夢》，清朝時還有一本很有名的小說，它就是吳敬梓創作的《儒林外史》。《儒林外史》是一部諷刺小說，諷刺的是那些被科舉考試毒害的讀書人和因科舉考試而形成的不良社會風氣。其中最著名的故事莫過於《范進中舉》了，它講的是，一個屢次參加鄉試不中的老秀才范進，窮困潦倒，遭周圍人嘲笑，被岳父瞧不起，說他根本不是讀書的料。但是沒想到的是，後來范進竟然高中了，周圍的人對他的態度一下子變了，就連當地的有錢人都來巴結他，給他送禮，之前嘲笑他的岳父也是一百八十度大轉彎，誇他是天上文曲星下凡。如此強烈的反差，大家覺得是不是非常諷刺？

鴉片戰爭

一場由毒品引發的戰爭

　　前面說到，就在清政府閉關鎖國的時候，世界已經悄然發生了翻天覆地的變化。那些曾經被視作蠻夷的西方人發明了蒸汽機和自動紡織機，造出了汽船和槍炮，還漂洋過海在美洲新大陸建立起了一個沒有皇帝和國王的新國家。

　　對外面的世界這些驚人的變化，當時的清朝人要麼是不知曉，要麼是知曉一些而不屑一顧，認為西方人的新玩意不過是些「雕蟲小技」罷了。於是，在外面的世界快速變化的時候，他們毫不猶豫地把國門關上，繼續兩耳不聞窗外事，心滿意足地過着他們熟悉的「日出而作，日落而息」的農耕小生活。

　　清朝人滿足，但西方人卻不滿足，尤其是英國人。因為他們有大量的生產原材料需要獲取，有許多產品需要銷售。他們想要賺取大筆的財富，而大清無疑是他們理想的生意夥伴。

　　為此，他們陸陸續續派了好幾批外交使臣來北京洽談。前面說過，沉浸在「天朝上國」美夢中的清朝廷提出了諸多限制條件，把通商的門檻建得很高，英國特使們說了好久，也只劃定了廣州這塊

地方給他們做生意。而且，清朝百姓們習慣了自給自足，對商品貿易也沒有甚麼太大的興趣。這樣一來，英國人的貨賣不出去不說，反而還要向中國購買瓷器、絲綢、茶葉等生活必需品，英國人非但不能從中國賺到錢，自己的錢還都進了中國的錢包。

就在英國人一籌莫展的時候，他們在印度發現了大片大片的罌粟花。這些花美豔絕倫，成熟後結出的果實可提煉出一種讓人沉醉上癮的東西——鴉片。從這些黑色的鴉片身上，英國人嗅到了從中國賺大錢的方法。於是，一箱又一箱的鴉片被源源不斷地運到中國，悄無聲息地進入了百姓們的生活中。時間一長，上至達官顯貴，下到軍營士兵、尋常百姓，很多人都在吸食鴉片。那些吸鴉片的人都變得精神恍惚，骨瘦如柴，成日哈欠連天。

這時候，有一個叫林則徐的大臣站了出來，上書道光皇帝說：「要是我們再放任鴉片泛濫不管，長此下去，能打仗的人和錢都沒了，恐怕要亡國！」皇帝一聽，意識到了事情的嚴重性，立即全權委派林則徐禁煙。

林則徐接旨後，馬不停蹄地奔赴當時的鴉片進口大本營——廣州，開展禁煙運動。一到廣州，林則徐就以雷霆手段強令英國商人上繳鴉片，發動人民群眾一起攔截走私鴉片的商船，花了二十多天的時間，一共收繳了一百一十多萬公斤鴉片。隨後，他又命人在虎門海灘挖了兩個銷煙池，

在中外人士的關注下，一口氣把所有收繳上來的鴉片都銷毀了。另外，他還下令扣押了一批以英國人為首的鴉片販。這就是歷史上著名的「虎門銷煙」。

鴉片被銷毀，英國人心裏當然很不舒服，想要找清政府算帳。不過，他們起先也有一絲猶豫：要不要為了鴉片大動干戈？畢竟，鴉片買賣在任何時候都是上不得台面的東西，英國人本是理虧的。但是，當他們聽說清朝皇帝決定不再開放通商，自己要損失巨大的利益後，立刻就派出遠征軍封鎖了廣州珠江口，打算用武力徹底撬開中國市場的大門。

還好林則徐早已在廣東佈下了嚴密的部署。英軍在廣東佔不到便宜，又折向廈門，在廈門也沒有得逞。不甘心的英軍繼續北上，很快就從守備空虛的浙江定海登陸，像強盜般衝進城裏殺人放火。

緊接着，英軍又鑽進了天津大沽口，要求清政府向英國人道歉，割地賠款，繼續開放通商口岸。

此時，英國人手裏是堅船利炮，清軍則拿着大刀長矛。而且，天津離北京太近了。皇帝有些退縮，立刻派出大臣琦善去天津跟英國人和談。琦善一到天津，對英國人是又賠笑臉又是説好話，勸他們先退回廣州，好解除對北京的威脅。

皇帝見琦善成功地勸退了英國人，便下令撤了林則徐的職務，改由琦善去廣州進一步跟英國人談判。琦善到了廣州，先是撤了林則徐佈下的防務，又減少了大量兵力，想要以這種方式來向英國人示好。

英國人開出條件，要中國向英國賠款六百萬兩銀元，割讓香港島，並開放廣州為通商口岸。琦善一聽，賠款尚能接受，割地太嚴重了，他根本沒法做主，乾脆就當了「縮頭烏龜」，躲起來再也不見英國人了。

皇帝聽到廣州的消息也坐不住了：英國人也太放肆了！他趕緊召回琦善，下令奕山率兵去和英國人打仗。沒想到這奕山也是個草包，沒做周全的部署就夜襲英軍，結果被英軍反擊，退守到了廣州城內。守城也守不住，英軍只炮轟了幾次城樓，奕山就舉白旗投降了，還背着皇帝跟英國人簽訂了一份《廣州和約》，以答應給英國六百萬兩白銀作為條件，把廣州城「贖」了回來。

清朝一而再、再而三的軟弱，讓英國人嚐到了甜頭。於是，他們又將艦隊開往廈門，繼續找藉口滋事。此後將近一年時間裏，英軍一路往北，攻破了浙江好幾個地方，又一直打到鎮江，並佔領了南京制高點紫金山，這才趾高氣揚地坐下來和清政府談條件。

清政府被打怕了，所以談判得極快。最終，在 1842 年 8 月 29 日，清政府低聲下氣地和英國簽訂了第一份喪權辱國的不平等條約——《南京條約》。

《南京條約》規定：中國賠償英國二千一百萬兩銀元；把香港島割讓給英國；開放廣州、福州、廈門、寧波、上海五個城市為通商口岸。

五個通商口岸的陸續開放，打開了中國的國門，也把中國的落後暴露在了貪婪的西方列強面前。此時，近代中國被瘋狂掠奪的命運才剛剛開始，更為黑暗的深淵還在後面。

知識加油站 事件

鴉片戰爭與《南京條約》

「鴉片戰爭」是英國對中國發動的一場侵略戰爭，是中國近代屈辱史的開端。「鴉片戰爭」後中英簽訂的《南京條約》共有 13 條條款，除了文中提到的賠款、割地、開放通商口岸外，還有協定關稅，即英國進出口繳納的稅率由中英雙方共同議定，中國不得隨意變更等。《南京條約》是近代西方列強強加在中國人民身上的第一份不平等條約。

當時的世界

1840 年，「鴉片戰爭」爆發。此時英國大機器生產已基本取代工場手工業，率先完成了「工業革命」。

英法聯軍火燒圓明園

一場燒掉文明的暴行

常言道：經一事，長一智。意思是說，受過一次挫折，便得到一次教訓，增長一分才智，下一次就不會吃同樣的虧了。不過，這句話放在清政府身上，似乎一點也不恰當。

為甚麼這麼說呢？原來，清政府在經歷了一次「鴉片戰爭」的炮火洗禮後，仍舊沉醉在「天朝上國」的美夢中，認為英國不過是西洋野蠻小國，僥倖取得了一次戰爭的勝利而已，絲毫不足為懼。

但西方列強可不像清政府想的那個樣子，他們根本不滿足於既得利益，想盡了辦法要找清政府的麻煩，以擴大侵略權益。

就在這個時候，廣西西林縣縣令張鳴鳳逮捕了一個法國傳教士馬賴和他的一眾流氓教徒，控告他們違反中國法律傳教，還在西林縣內做些強姦婦女、搶劫財物的惡事，然後將馬賴和兩個激起最大民憤的教徒斬首示眾。

消息傳到了法國人那裏，他們立即就不願意了，說馬賴是無辜受害者，要找清政府討說法。

好巧不巧，同一年秋天，廣州水師在黃埔搜捕了一艘中國走私船「亞羅號」，逮捕了船上的幾名海盜與涉嫌走私的船員。英國駐廣州領事巴夏禮聽說後，就跑去找廣州水師，做出一副很生氣的樣子，說道：「亞羅號是我們英國的商船，你們亂抓人，你們的士兵還扯落了英國國旗，這對我們大英帝國十分不尊重，你們必須立即釋放被

捕人員，還要向我們賠禮道歉。」

　　廣州水師軍官沒買巴夏禮的賬，他說：「亞羅號是中國人蘇亞成的，就算曾經申領過英國通航證，也早就過期了，它就是徹頭徹尾的中國船，我們中國人逮捕中國匪徒天經地義，你沒有權力干涉。」

　　巴夏禮當然不會聽這些，他轉頭就走，繼而向兩廣總督葉名琛發出了最後通牒，如果中國不在二十四小時內釋放被捕人員並且向英國人道歉，那麼英軍就將攻打廣州城。

　　葉名琛為了穩住局勢，同意釋放匪徒，但拒絕道歉。英國人一看，機會來了，就夥同法國人組建了一支由五千六百多名士兵組成的艦隊堵在珠江口，要挾葉名琛把廣州城讓出來。

這葉名琛呢，既不搭理英法聯軍的喊話，也不抓緊時間做應戰的準備，只是天天縮在家裏求神明庇佑。英法聯軍得不到回應，直接衝進了廣州城，把葉名琛送到印度囚禁了起來。

攻佔下廣州城，英法聯軍並不滿足，他們的終極目標是北京。隨後，他們便繼續北上，攻入天津大沽口，取道白河直達天津城郊，下一步就要進攻北京。

英法聯軍來勢洶洶，清政府緊張極了，立即派人去天津找英法兩國議和，簽訂了《天津條約》和《通商章程善後條約》。不過，這中英法三方簽條約的目的都不太純粹，清政府想靠它哄騙敵人，穩住他們，並不打算真的履約；而英法呢，也不太滿足條約裏得到的利益，企圖找個理由再打一仗。

於是，英法聯軍在第二年就又找了個藉口，重新在大沽口挑起了事端。不過，這次的「大沽口戰役」卻沒有英法聯軍想像中那麼順利。清軍早就做了準備，竟擊沉了四艘英法聯軍戰艦，英法聯軍敗走。

打了勝仗，清軍士氣大漲。可是，一次僥倖的勝利並不代表雙方真正的實力，弓箭強弩哪是槍炮的對手？吃了敗仗的英法聯軍迅速增加兵力反撲，佔了大沽口，佔了天津，拿下了八里橋，逼近北京。

咸豐皇帝聽到八里橋戰敗的消息，匆匆忙忙地就逃到了熱河行宮，留下了負責議和的恭親王奕訢（xīn，粵音欣）和幾乎沒有設防的北京城。

英法聯軍控制了北京城後，發現清軍將英法使節團的多人虐待致死，於是決定報復，他們就把目光放了圓明園。圓明園始建於康熙年間，經過清朝幾代皇帝不斷的修建、雕飾後，不但綜合了中國歷代各地園林的優點，還建造了西洋式、印度式的園林，收藏有大量的珍寶，有「萬園之園」的美譽。

英法聯軍三千多人進到園子裏，面對着滿目的財富，就放下了「文明人」的身份，露出了貪婪的目光。轉瞬間，他們便如餓狼一般撲了過去，想要把所有珍寶都帶走。他們拚命地往自己的口袋裏塞珠寶、瓷器，口袋塞不下了，他們就把一些名貴的絲綢、旗袍纏在身上；身上都纏滿了，他們就找來了大袋、馬車，一車一車地把東西往外運。他們不放過一丁點值

錢的東西，連園裏的神獸銅像，他們也要把頭鋸斷帶走。更誇張的是，他們還因為分贓不均起了內訌，互相指責對方多搶了東西。至於實在拿不走的東西，他們也不願捨下，瘋狂地打砸它們，一定要把所有的東西都毀掉才過癮。

等搶砸得差不多了，為了掩蓋罪行，他們便放了一把火燒園。大火整整燒了三天三夜，焚毀了包括《四庫全書》在內的一萬零五百多種圖書檔案，燒光了許許多多的房屋。那些住在園裏來不及躲避的妃子、宮女和太監，都被活活燒死了。一座令人歎為觀止的瑰麗之園，在這片大火中徹底化為廢墟。現在我們去圓明園旅遊，只能看到一片斷壁殘垣。

英法聯軍獲勝了，恭親王奕訢代表清政府答應了他們提出的所有無理要求，在《天津條約》以外，又補簽了《北京條約》，把香港九龍半島割讓了出去。俄國也趁火打劫，以半哄半恐嚇的方式，強迫清政府簽訂了一系列不平等條約，共割佔了我國東北和西北一百五十多萬平方公里的土地，成了這次戰爭最大的贏家。

知識加油站 文化

圓明園的美麗

圓明園是中國古代皇家園林藝術的巔峯之作，有「萬園之園」的美稱。它從康熙皇帝在位時開始修建，經過雍正、乾隆、嘉慶、道光和咸豐五代皇帝一百五十多年的不斷經營，規模宏大，建築風格中西合璧。同時，圓明園內收藏着許多珍貴的圖書、藝術品，是當時世界上最大的皇家博物館、藝術館和珍寶館。

太平天國運動

一個號稱來自「天國」的人 ·····························

「鴉片戰爭」以後，清政府變得越來越腐敗，老百姓的日子過得也越來越差。這時，有一個人宣稱自己是上帝的兒子，下到凡間來拯救大家，帶領大家建立一個人人平等、有錢大家一起花的太平盛世。

這個人叫洪秀全，和很多讀書人一樣，他最開始想的也是讀書考取功名，但連考了四次卻連個秀才都沒考中。沮喪之下，他還得了一場大病。在生病期間，他讀到了一本類似於我們在街邊常會得到的宣傳冊，只不過裏面介紹的不是美食，也不是輔導班，而是基督教的教義。

洪秀全讀完後，決定不再考取功名了，而是做一名虔誠的基督徒。按照基督教的教義，要成為一名基督徒，需要接受教士的洗禮儀式，但是他嫌太麻煩了，便找來幾個朋友，看着他在河裏洗了個澡，就算正式入教了。他不光自己信，還熱烈地向身邊的人宣傳，讓他們也信教。

洪秀全怕別人不信自己，便編了一個故事，説自己有一次做夢，夢見一個長着白鬍子的老人告訴他自己是上帝，説自己有兩個孩子，一個是耶穌，另一個就是洪秀全，還説上帝派自己的兩個孩子降臨到人間拯救世界，並給了洪秀全一把可以斬妖除魔的寶劍。

大家聽到這裏，是不是覺得洪秀全在瞎編？但是當時那些窮苦百姓、不識字的人卻非常信任他，並願意跟隨他。隨着信教的人越來越多，洪秀全便成立了一個叫「拜上帝會」的組織。

短短幾年時間，拜上帝會就壯大起來，在廣東、廣西兩省擁有上萬教眾。這時，清政府正面臨着一場政權的交替，之前在「鴉片戰爭」中與西方簽訂不平等條約的道光皇帝去世了，他的兒子即位，這就是咸豐皇帝。

1851 年，也就是咸豐皇帝即位的第二年，廣西一帶發生了嚴重的旱災，清政府根本拿不出錢來賑災。洪秀全看到了機會，便號召教眾都來到廣西，等一切準備就緒後，洪秀全正式宣佈起義，對抗朝廷。

起義軍從金田村出發，沒過多久便佔領了永安城。佔領永安城後，洪秀全自稱天王，並告訴大家要成立一個叫作「太平天國」的新國家，意思就是使天下變得太平。

本來起義軍不怎麼會打仗，但是偏偏他們的對手清軍更不會。因此起義軍只用了短短兩年的時間便攻下了南方大部分城市，還佔領了南京。

洪秀全將南京改名為「天京」，作為太平天國的都城，正式開始國家建設。為了讓人們看到新國家的氣象，太平天國頒佈了很多不一樣的政策。它規定人人平等，土地大家一起種，錢都交到聖庫大家一起花；還規定男女平等，女子不再裹小腳，也可以和男人一樣做事、做官、上戰場；它不許人們有不良嗜好，飲酒、賭博、吸鴉片通通禁止，還禁止男人三妻四妾，實行一夫一妻制。除此之外，它也禁止人們祭祀祖先，禁止人們看孔子、孟子之類儒家的書，凡是和儒家有關的事通通禁止。

　　在這些政策實施的同時，太平天國開始北伐和西征，繼續擴大自己的版圖。面對這個局面，咸豐皇帝沒有一點辦法，只好頒佈了一道要求官員到各地募集民兵團練的命令。但是命令發下去卻沒有官員照辦，一是組織團練要花大量的錢，二是沒人願意冒着風險上戰場打仗。

　　而一個叫曾國藩的漢人官員卻照辦了，並且真的在自己的家鄉湖南訓練出了一支軍隊，因為湖南簡稱湘，這支軍隊就被稱為湘軍。和其他清朝軍隊不一樣，湘軍訓練有素，戰鬥力非常強，和太平軍作戰，接連打了不少勝仗，以至於咸豐皇帝聽到勝利的消息，都不敢相信是真的。

　　雖然有了這麼一支湘軍，但是朝廷上下對打贏太平天國依舊沒有信心。而此時，太平天國內部卻出現了問題，洪秀全在佔領南京後不久，就開始貪圖享樂，並縱容手下到處搶別人的錢。本來頒佈了一夫一妻制，他自己卻娶了八十多個妻子。他的手下也開始爭權，互相殘殺，把之前建立太平天國的初心全都忘到了腦後。經過一次大政變以後，太平天國變得四分五裂，而之前處於觀望狀態的西方國家也開始組織軍隊幫助清軍對付太平軍，勝利的天平開始傾向清軍這一邊。

　　最終，太平軍在接連失去了大片土地後，無力再與清軍抗衡，那個「上帝派來的孩子」洪秀全也在 1864 年去世了。僅僅兩個月後，天京就被清軍攻破，宣告了太平天國的滅亡。不過，雖然太平天國從成立到滅亡只有短短的十四年，卻對岌岌可危的清政府的統治帶來了一次沉重的打擊。

　　一即位就遇到太平天國起義的咸豐皇帝卻沒能接到勝利的消息，因為他已經在三年前去世了。此時，只能由他的兒子在母親的陪伴下接受百官的祝賀，而清朝的政權已經掌握在了這位母親的手中。

《天朝田畝制度》

　　《天朝田畝制度》是太平天國在定都天京後頒佈的一份政策文件。它的主要內容是廢除封建土地所有制，建立財產公有制，達到「有田同耕，有飯同食，有衣同穿，有錢同使，無處不均勻，無人飽暖」的目標。《天朝田畝制度》在一定程度上激勵了廣大農民參與起義爭，但是按照當時的條件來看，這個制度基本不可能實現。而實際上，《天朝田畝制度》頒佈後沒多久，太平天國就承認了土地私有。

當時的世界

　　「太平天國運動」（1851—1864 年）是我國歷史上規模最為宏大的一次農民戰爭。「太平天國運動」期間，大洋彼岸的美國經歷了一次以廢除奴隸制為目的的「南北戰爭」（1861—1865 年）。

洋務運動

徒勞的救贖 ·

　　落後了怎麼辦？可能最有效的辦法就是向對手學習。昏庸的清政府在被英法俄等西方國家欺負好幾次之後，似乎也意識到了這一點，於是掀起了一股「向西方學習」的風氣，想要以此變大變強。

　　可學習西方的甚麼呢？清政府的大臣們就湊在一塊討論。討論了半天，有一部分大臣達成了一致意見，他們認為洋人之所以肆無忌憚，倚仗的是他們又快又結實的戰艦和又猛又厲害的武器，清政府只要開展一個「洋務運動」，學習他們造船造武器的技術，就能像他們一樣強大，甚至超過他們。

　　這一部分想要學習西方技術的大臣就被稱為洋務派。洋務派在朝廷裏有恭親王奕訢、文祥，在地方上有曾國藩、李鴻章、張之洞、左宗棠等人，他們的想法跟之前一個叫魏源的人提出的「師夷長技以制夷」的觀點不謀而合。

　　前面講到咸豐皇帝聽說英法聯軍要攻打北京，立刻逃到了熱河。當英法聯軍退兵後，他準備回京時卻生了一場大病。他知道自己不行了，便召來他十分信任的八名大臣，囑託他們輔佐自己唯一的兒子，當時只有五歲的載淳。這八名大臣歷史上稱為「顧命八大臣」。託孤後沒多久，咸豐皇帝便去世了。這時，有一個人並不滿意咸豐皇帝死前的安排，認為該由自己掌握朝政大權，她就是載淳的生母——懿貴妃葉赫那拉氏。

　　葉赫那拉氏是一個非常有野心的人，她為了干涉朝政，便在咸豐的皇后鈕鈷祿氏面前說「八大臣」的壞話。皇后是一個沒有甚麼主見的人，完全聽信了葉赫那拉氏的話，便授意葉赫那拉氏除掉八大臣。可是大家想一下，葉赫那拉氏畢竟手裏沒有實權，也沒有軍隊，怎麼除掉八大臣呢？葉赫那拉氏想到了一個人，就是此時坐鎮北京的恭親王奕訢，並馬上和奕訢取得了聯繫。奕訢是咸豐的弟弟，也對咸豐臨終前的任命不滿，表示願意幫她除掉八大臣。於是在八大臣護送咸豐遺體回京時，奕訢率兵發動政變，將八大臣抓了起來。因為這場政變發生在農曆辛酉年，因此歷史上稱為「辛酉政變」。

　　政變後，葉赫那拉氏為載淳舉行了登基大典，並以皇太后的名義與鈕鈷祿氏一起垂簾聽政，如願以償地控制了朝政。本來小皇帝的年號應該是

「祺祥」，但是葉赫那拉氏不同意，將年號改為「同治」，意思是她和鈕鈷祿氏一同治理天下的意思。

同治皇帝登基沒多久，垂簾聽政的兩位太后就給自己加了一個尊號，鈕鈷祿氏稱「慈安」，葉赫那拉氏稱「慈禧」，後者就是我們常常聽說的慈禧太后。幫助慈禧太后除掉八大臣的奕訢，也如願以償地成了議政王。

奕訢早在咸豐皇帝在位時便想要「辦洋務」，但是一直被保守派打壓。現在，他手握大權，加上有慈禧太后撐腰，「洋務運動」就這樣轟轟烈烈地開展了起來。發起「洋務運動」的初衷是為了強化國家的戰鬥力，所以「洋務運動」一開始，洋務派就都把注意力放在了強化軍事裝備上。

李鴻章是洋務派官員中的積極分子，他帶頭起用新式方法來訓練自己的淮軍，還花了大錢從國外請來了教練，購買了大批武器裝備來武裝自己的隊伍。其他官員也紛紛仿效。可時間一長，他們就發覺不對勁了：如果一直靠進口的方式來配備軍需，成本巨大不說，購買週期還十分漫長，這很不划算。

因此，洋務派官員就改善了自己的裝備強化方案，決定自己製造武器。打定了主意，他們就主持修建了一大批近代化軍事工業工廠，像金陵製造局、福州船政局、天津機器局等。這些軍事工業工廠裏面，辦得最好的要數江南製造總局，它最輝煌的時候開設了十幾家分廠，有兩千多名工人，是清朝規模最大的軍工廠。

裝備是生產出來了，但要是沒人會用，那這些裝備就是一堆廢鐵了。所以洋務派就連帶着開辦了一批軍事學校，像天津北洋水師學堂、廣州魚雷學堂、江南陸師學堂和上海操炮學堂等等，組織一批年輕人學習相關軍事知識。

除此以外，洋務派還想到洋人都是漂洋過海打過來的，要想打敗洋人，水師力量也很關鍵。所以，他們就斥巨資一口氣建立了福建、廣東、南洋和北洋四支艦隊。其中，北洋水師艦隊實力是最強的，裝備和規模可以與世界上最先進的艦隊媲美。

隨着「洋務運動」繼續推行，軍事工業發展的路卻有點難走了。第一點是財政緊張，錢不太夠用了。第二點是軍事工業的發展需要更多的原材料、燃料和交通運輸支持。再加上李鴻章等人也認識到，強大的經濟實力

是國家強大的基礎。各種原因混雜在一起，於是洋務派又提出了一個新的口號：求富。

為了響應這個口號，洋務派着手創立民用企業。民用企業的創辦還是李鴻章打頭，他建立了一個輪船招商局，靠運輸糧食、軍火賺錢。它是「洋務運動」中的第一個民用企業，僅僅經營了三年時間就賺了一千三百多萬兩銀子。

這個漂亮的開頭讓大家見識到了民用工業帶來的巨大經濟效益，提高了大家的參與改革的動力，隨後，洋務派官員陸陸續續地創立了電報總局、漢陽鐵廠和上海機器織布局等企業。

一些地主、商人、華僑也自發地加入到了「洋務運動」中來，投資創辦了不少民營企業。部分手工工場也嘗試引進機器生產。很快，機器廠、繅絲廠、軋花廠、機器麵粉廠、機器造紙局、火柴廠等上百家企業就相繼建立起來了，業務範圍從繅絲、棉紡到採礦、航運，涵蓋十分廣泛。

知識
加油站 文學

《海國圖志》

「師夷長技以制夷」的思想，是魏源在他編寫的《海國圖志》一書中正式提出來的。在這本書中，魏源徵用了古今近百種資料，詳細地解釋了「夷」的意思，介紹了西方國家的科學技術、歷史政治、風土人情，號召人們了解國外的情況，學習他們的優勢，從而打敗外敵，捍衛祖國。《海國圖志》就像是一個望遠鏡，幫助了當時的人們睜眼看世界，是一部具有劃時代意義的巨著。

當時的世界

「洋務運動」發生在 19 世紀 60—90 年代。同一時期，我們的鄰國日本也發動了一場學習西方的改革，歷史上稱為「明治維新」。但是，中日兩國幾乎同時開始的學習西方的改革，卻得到了兩種完全不同的結果。

第一批留學生

遠渡重洋去留學

　　説起「留學」，可能很多人都羨慕周圍的留學生哥哥姐姐，也想像他們一樣，長大後走出去看看外面的世界。不過你知道嗎，其實在清朝時就開始有留學生了。這是怎麼一回事呢？

　　前面説到，洋務派在「洋務運動」中創辦了許多軍事工業和民用企業，如輪船航運、電報、紡織、煤礦開採等。可是同時，一個嚴肅的問題擺在了面前：國內沒有人懂西方技術，沒有人懂得管理這些企業。這可怎麼辦呢？總不能讓這些嶄新的工廠閒置吧。

　　這時，有一個叫容閎（hóng，粵音宏）的人就站出來提議：我們可以挑選一批比較聰明的小孩，讓他們去國外學習和掌握一些科學技術知識，等到他們學成回國後，就由他們來管理、運營這些企業，並把知識教給其他人。這樣一來，問題就能夠解決了。

提出留學建議的容閎是我國近代第一位畢業於外國名校的留學生，畢業的學校還是著名的耶魯大學。洋務派採用了容閎的提議，擬定了一個詳細的計劃。他們把美國作為留學的目的地，規定留學時間為二十年，並在上海設立了一所留美預備學堂，讓經過選拔的孩子在裏面接受一年的學習和考核，為留學做好準備。

選拔小留學生的工作就由容閎負責，他要在全國各地挑選出一百二十名聰慧的孩子，分為四批送出國留學。容閎接到任務，在廣東、福建、浙江、江蘇等地四處奔走，好不容易才找齊了合適的小孩，將他們陸陸續續地送到了美國讀書。

到了美國，小留學生們原本快活、激動、好奇的心情很快就被眼前陌生的一切沖刷沒了，因為他們很快發現自己和那些高鼻子藍眼睛的美國人有好多好多不一樣的地方：第一個不一樣的就是語言，小留學生們沒學過英語，聽不懂美國人講話，美國人也聽不懂他們説話。第二個不一樣的是食物，小留學生們習慣了中式的煎炒烹炸和葷素搭配，習慣了拿着筷子夾菜，面對美式半生不熟的牛排、苦澀的咖啡和用不慣的刀叉，一時難以適應。第三個不一樣的地方就是他們的打扮了，剛到美國的他們戴着一頂瓜皮帽，穿着藍褂子，腦袋上還掛着一根烏黑的大辮子，常常被那些穿着

POLO 衫，戴着棒球帽，腳踩運動鞋的美國小朋友們圍觀，甚至被錯認成女孩子，這讓他們非常不好意思。除此以外，他們的課業也非常繁重，一邊要學習西方知識，一邊還要熟悉四書五經的內容。這些七七八八的事情揉在一塊，他們的頭都大了。

不過，隨着時間的推移，小留學生們逐漸融入了美國生活。他們學習了大量的自然科學知識，穿起了西服，打起了領帶，還學會了在閒暇之餘打打欖球、聽聽音樂放鬆自己。部分留學生還剪掉了辮子，信仰其他的宗教，對中國一些複雜的禮節也不大遵守了。留學生的這些變化，用我們現在的眼光來看是很自然的，但是在當時卻讓朝廷很不滿，他們心裏想的是：我們花了大價錢送孩子們去國外讀書，是讓他們學習科學技術回來為國效力的，可不是讓他們去學些亂七八糟的東西的。這麼一想，他們便不顧實際情況，也不管美國友人的建議，蠻橫地中斷了已經在美國居住了八九年的留學生們的學業，把他們召回了國內，除了詹天佑等幾名留學生留在美國順利完成學業外，其餘的人都被遣送回國了。留學生們回到上海後，又被關押了許久，最後隨隨便便被安排了工作。幸好這批留學生很爭氣，在學業被迫中斷後，他們仍然憑藉着個人的努力在工作崗位上做出了一番成績。

要說這批留學生中最著名的一位，那就是「中國鐵路之父」詹天佑了。當時，詹天佑從耶魯大學畢業回國後，朝廷提出了修築京張鐵路的計劃。但這條連接北京和張家口的鐵路是西方列強眼裏的一塊肥肉，誰都想要爭奪它的修築權，以更好地控制我國的北部。他們甚至用「只要清朝任用自己的工程師，我們便不再過問」這一條件來要挾，不斷阻撓鐵路的修建工作。

為了保住鐵路自主權，詹天佑頂着壓力擔任了京張鐵路的總工程師。鐵路修建期間，詹天佑和工人們逢山開路，遇水架橋，在沒有現代隧道鑽鑿機等精良設備的條件下，因地制宜，或是從兩頭向中間鑿進，或是先在中間開一個大豎井再朝着兩頭掘進，勝利完成了居庸關、八達嶺、石佛寺、五桂頭四個隧道工程。不僅如此，在面對八達嶺山高坡陡、列車上行困難的巨大挑戰面前，詹天佑還大膽設計了「人字形鐵路」，降低了坡

度，保證了列車的行車安全。就這樣，詹天佑用了不到四年的時間就修好了京張鐵路，為飽受欺負的中國人爭了一口氣。一直到今天，在西南交通大學、北京交通大學等知名大學裏面，仍豎立着詹天佑的雕像，用來紀念這位為我國交通事業做出巨大貢獻的留學生。

除了詹天佑，還有很多留學生被分配到了各行各業。他們有的成了外交官，有的成了律師，還有的成了海軍軍官，投身到保家衛國的行列之中。

人字形鐵路

　　詹天佑在修建京張鐵路的過程中，遇到了許多困難，其中一個就是青龍橋附近坡度特別大，火車爬上這樣的陡坡很吃力。為了解決這個問題，詹天佑便順着山的走勢，設計了一種「人」字形線路。北上的列車到了南口，就用兩個火車頭，一個在前面拉，一個在後面推。經過青龍橋時，本來往東北的列車經過「人」字形岔道口後就倒過來，用原來推的車頭拉，原來拉的車頭推，火車就開始往西北方向前進。這麼一來，火車就能比較輕鬆地爬上山啦！

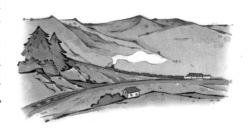

當時的世界

　　1870 年，法國向普魯士宣戰，「普法戰爭」爆發。1872 年，清政府正式派出第一批留學生赴美留學。

中日甲午戰爭

又一場敗仗 ·····························

　　一隻貓咪和一頭獅子打架，誰會贏？肯定獅子會贏啊！但是，要是這頭獅子是晚期的清政府，而貓咪是改革後的日本，那誰勝誰負還真不好説了。「獅子」和「貓咪」在 1894 年，也就是甲午年的時候打了一架。這一架，「獅子」輸了不説，還要靠割地賠款來向「貓咪」討饒。

　　1894 年年初，清朝附屬國朝鮮爆發了內亂，政府軍打不過叛軍，就連忙找清政府幫忙平叛。清政府收到消息，派了一千五百多士兵進駐朝鮮，沒花多少時間就平息了叛亂，打算撤兵回國。沒想到，麻煩卻找上門來了。

原來，在清政府出兵朝鮮的同時，日本沒安好心地找了個「保護在朝日本僑民」的藉口，主動派了一萬多名士兵去朝鮮屯着，想要把朝鮮當成跳板侵略中國。因此，朝鮮叛亂平定後，日本人就賴着不走了，還提出了控制朝鮮內政的想法。

清政府和朝鮮當然沒有同意日本這離譜的主張，清政府還強調日本必須撤兵。但日本既然存了心找麻煩，自然不肯聽話，立即就翻臉要跟清政府絕交，還十分囂張地闖進朝鮮王宮，挾持了朝鮮國王，逼他下令讓清軍退出朝鮮，「邀請」日軍駐紮。

日本挑釁的消息很快就傳到了北京，讓正在籌備自己壽辰的慈禧太后很惱火，想着日本彈丸小國，竟然敢挑釁，還是早早了結了，不要讓它打亂自己慶生的計劃。

旋即，慈禧太后就派出了北洋艦隊的濟遠號和廣乙號兩艘軍艦護送高陞號、操江號兩艘英國商船，運送一批兵力去支援朝鮮。

可是，一向兩耳不聞窗外事的清政府並不知道外面的世界早已變了天，他們錯誤地估計了日本真正的實力。那時候的日本早已不是跟着「中華上國」有樣學樣的小島國了，它經歷了「明治維新」，向西方學習了不少先進的科學技術，生產了大量精良的武器裝備，戰鬥力已經今非昔比。

果不其然，清軍艦隊剛到海上就遭到了日軍突襲。日軍的吉野號軍艦打頭陣，對着濟遠號、廣乙號就是一頓猛攻。廣乙號船身小，沒甚麼戰鬥力，受傷後就退出了戰場。濟遠號本來有實力可以與日軍一戰，可艦長貪生怕死，剛開戰就下令舉白旗投降了。失去了軍艦保護的商船很快就被日艦擊沉，船上的士兵全部壯烈犧牲了。

初次交手就吃了虧，清政府有點不想跟日本打仗了，希望英國能出面調停。但列強一向是事不關己高高掛起。日本見清朝孤立無援，便又毫無顧忌地發動了進攻。沒辦法，清政府只能硬着頭皮向日本宣戰，還派出了斥巨資打造的北洋水師艦隊作為戰鬥的主力。

不過，北洋艦隊還沒來得及展示出它的威風，就在關鍵時刻搞砸了，給世人上演了這場「甲午戰爭」中最悲壯的一幕。

九月十七日，由海軍提督丁汝昌率領的北洋艦隊完成運兵任務準備返航的時候，與日本艦隊在黃海大東溝海面相遇了。

日軍有備而來，很快就排好魚貫縱列，頭尾相連撲了過來。丁汝昌見狀，就將艦隊兵分兩路，用噸位較大的定遠號和致遠號打頭陣迎戰。日軍見定遠號上掛着帥旗，便一個勁朝它猛攻。轟的一聲，定遠號艦橋一下子就被震斷了，連帶着艦隊的指揮系統也被損毀，丁汝昌受了重傷。一時間，其他戰艦失去了指揮，都像「盲頭烏蠅」一樣混亂起來。

作為大清「驕傲」的北洋水師為何如此脆弱？原來，這北洋水師的建設經費被慈禧太后挪用了不少去修頤和園，大部分戰艦都年久失修，連炮彈都不太夠用。

金玉其外敗絮其中的北洋艦隊失敗似乎是注定的事情，沒了指揮官，日軍趁機加強攻勢，連着擊沉了好幾艘戰艦。而另一艘重量級的戰艦致遠號，在與敵軍周旋幾番後，成為他們進攻的主要目標，也中彈負傷了。致遠號管帶鄧世昌在打完艦上的炮彈後，就加足馬力衝向日軍主艦吉野號，想與它同歸於盡。可惜的是，致遠號還沒有撞到吉野號就中了魚雷沉沒了，全艦二百餘名將士壯烈殉國。

黃海一戰，其實中日雙方都有些損失，但李鴻章為了保存實力，故意誇大了戰損程度，命令北洋艦隊回到山東威海衛基地，不許出海迎敵。佔據了黃海的日軍趁勢而上，把北洋艦隊全部困死在港內。

節節敗退的清政府對日本毫無招架之力，不得不接受日本提出的諸多無理條件，簽訂喪權辱國的《馬關條約》。要簽條約的消息傳開，清朝的士子們激憤難當，羣起上書反對，引出了另一場轟轟烈烈的運動。

知識
加油站 事件

旅順大屠殺

中日「甲午戰爭」中，日軍佔領旅順後，就四處追逐無辜的逃難百姓，用槍桿、刺刀對付所有人，連婦女、嬰幼兒都不放過，對跌倒的人更是兇狠地亂刺。他們還將被刺刀捅穿的大批百姓扔到湖水中。日本軍隊在旅順製造的慘案，世界震驚，連偏袒他們的英美等國都紛紛指責這一暴行。

戊戌變法

「短命」的自救行動 ·

　　如果走進了一條死胡同，大家會怎麼辦？是不是立刻調轉方向，尋找新出口呢？相信大多數人都會這麼做。可是，清政府裏的那羣老頑固卻不這麼想，在全世界都在改革的時候，他們仍舊抱着老一套不撒手，甚至還不准百姓們求變。

中日「甲午戰爭」的慘敗，敲醒了一部分讀書人。他們意識到，要想拯救國家的頹勢，光靠清政府發起的那點不痛不癢的「洋務運動」是遠遠不夠的；要不被世界拋棄，就必須要順應潮流，來一場轟轟烈烈的變革。

最先提出變革主張的是一個叫康有為的人，他知識淵博，特別擅長辯論，又懷有滿腔的救國熱忱。所以，清廷戰敗要簽賣國條約的消息傳開後，他立刻就洋洋灑灑地起草了一份近兩萬字的請願書遞了上去，還約了一大批讀書人一起聚集在清政府都察院門口，向他們抗議，希望能阻止條約的簽訂。

不過，在都察院那幫官員眼裏，康有為他們就是些烏合之眾，哪輪得到他們在國家大事上指指點點，隨便找了個理由就把他們打發了。

出師不利，但康有為並沒有輕易放棄，他回過頭來就一邊在民間宣傳變法思想，一邊繼續上書皇帝。沒過多久，康有為的請願書被年

輕的光緒皇帝看到了。光緒皇帝對請願書裏提到的一些國家改革方法很感興趣，便親自召見康有為，要仔細聽聽他的想法。

在光緒皇帝面前，康有為把自己的變法思想一五一十地說了，還直言不諱地說：「皇上，如今形勢迫在眉睫，如果再不變法，怕是國破家亡，連皇上您也不能倖免啊！」光緒皇帝聽了康有為的一番話，表示自己絕不能做亡國之君，讓康有為趕緊全面籌劃變法。這就是「戊戌變法」。

有了皇帝的「尚方寶劍」，康有為就叫上了自己的學生梁啟超，還有梁啟超的好朋友譚嗣同等人，跟着光緒皇帝一起商量改革大計。他們都是年輕小伙子，精力旺盛，做事情充滿了幹勁。很快，光緒皇帝就頒佈了《明定國是詔》，傳了兩百多條改革命令給文武百官，比如：廢除八股文；把廟宇改建為學校；裁撤機構，罷免守舊派大臣；購買新式武器，等等。

可是，光緒皇帝是個沒有實權的空架子，朝堂上大大小小的政務都是慈禧太后說了算，因此，他發佈的改革命令百官都不太樂意理會。而且，兩百多條改革條令觸及了不少人的利益，像廢除八股文，那些讀了一輩子書的人就不願意了；裁撤機構，機構裏面的工作人員生活就沒有了着落……這一樁樁、一件件算下來，那些受影響的人就不配合了，尤其是那些好吃懶做的滿清貴族，他們紛紛去找慈禧太后哭訴，說甚麼也要求慈禧太后把改革給叫停。

慈禧太后對光緒皇帝的改革本是睜一隻眼閉一隻眼，畢竟權力在自己手裏，光緒皇帝也翻不出甚麼花樣來。可滿清貴族們這麼一鬧，慈禧太后就有點不高興了：「這小子是要動真格的？可不能讓他威脅到我的地位！」於是把光緒皇帝叫來痛罵了一頓，還威脅說要把皇帝給換了。

光緒皇帝沒有甚麼從政的經驗，一聽這話就有點慌了，想着要保全自己的皇位，就只能把權力從慈禧太后手裏奪過來。可自己手底下除了寥寥幾個手無縛雞之力的讀書人，一點兵力也沒有，怎麼才能實現這個計劃呢？光緒皇帝和康有為他們一商量，就把目光落在了一名叫袁世凱的軍官身上，想要借他的兵力，先把慈禧太后軟禁起來再說。

說到這，大家可能就會有疑問了，有兵權的人不只袁世凱一個，為甚

麼找他呢？因為袁世凱曾經向光緒皇帝上書說過變法的事情，對光緒皇帝頒佈的一些政令也表現出了積極的支持態度，光緒皇帝就認為他也是站在自己這一邊的。可惜，天真的光緒皇帝信錯了人，袁世凱是個不折不扣的兩面派，他表面上答應了光緒，私下裏卻又向慈禧太后告了狀。

慈禧太后得知消息後氣得不行，連夜從她居住的頤和園返回了紫禁城。一進宮，她就召集黨羽發動突擊，將光緒皇帝軟禁了起來，然後以光緒皇帝的名義發佈聖旨，宣佈由太后主理朝政，把所有的變革都恢復成原樣，隨後下令在全國通緝參與改革的人員。康有為、梁啟超提前聽到風聲逃走，而譚嗣同拒絕逃跑，和劉光第等六人一起被捕殺了。

一場轟轟烈烈的改革戛然而止。這場改革僅僅維持了短短的一百零三天，因此歷史上又稱它為「百日維新」。而由慈禧太后發起的終結這場改革的政變發生在戊戌年，人們就稱其為「戊戌政變」。

知識加油站 事件

戊戌六君子

「百日維新」失敗後，維新黨人譚嗣同、康廣仁、林旭、楊深秀、楊銳、劉光第六人被捕，慈禧太后下令將他們斬殺。面對死亡，他們六人從容不迫，譚嗣同更是在入獄時寫下了「我自橫刀向天笑，去留肝膽兩崑崙」、「有心殺賊，無力回天。死得其所，快哉快哉」的豪言壯語。人們為了紀念他們，就將他們稱為「戊戌六君子」。

義和團與八國聯軍

紅纓槍對決洋槍炮 ·············

清朝末期，民間出現了一個神祕的組織，他們號稱擁有請神護體的特殊技能，可以刀槍不入。這個組織就是義和團。

義和團本來是在山東與河北交界地帶村莊裏一羣設壇習拳、練功比武的地下社會組織，平日裏舉行一些被清政府官方所禁止的活動，如練習武術、祕密集會等。

當時，西方列強掀起了瓜分中國的狂潮，大批西方傳教士也隨之來到中國。有些傳教士欺負中國的百姓，強行霸佔百姓的土地。如此一來，百姓們就十分生氣，想要把這些無禮的洋人趕出去。可他們手無寸鐵，怎麼趕呢？向官府告狀？不行，那些清朝官員害怕洋人，碰到衝突總是不分青紅皂白地說是百姓的錯。

於是，百姓們就把目光放在了義和團身上。他們聽說義和團會畫符唸咒請神靈附身，有刀槍不入的神力，不怕洋人的洋槍洋炮，就找到義和團求助。

就這樣，義和團在反洋教的鬥爭中迅速發展壯大起來，活動範圍很快就從山東遷移到了天津、北京一帶，並打出了「扶清滅洋」的旗號。他們沿途張貼告示、散發傳單，鼓動百姓們加入義和團。每張傳單上都用大字寫着：「神助拳，義和團，只因鬼子鬧中原……天無雨，地焦旱，全是教堂止住天……」早就受夠了「洋氣」的百姓們紛紛加入了義和團，他們放火焚燒教堂，拆毀鐵道，切斷電線，以此來表達對洋人的痛恨。

雖然義和團的做法看上去很「愛國」，但很多做法卻顯得十分盲目。他們見到洋人就打就殺，使得很多無辜的外國人也跟着遭了殃。他們對一切和「洋」字沾邊的東西紛紛排斥，不光是鐵路、輪船、電線，就連街上賣的帶「洋」字的東西也都不放過。比如當時的人要是在街上打把洋傘或是開輛洋車，被義和團看到了，不光東西會被他們弄壞，人也會被他們痛打一頓。

義和團的這些舉動，在列強眼裏就是赤裸裸的挑釁。他們便紛紛派出軍艦駐紮在天津的大沽口，調遣軍隊進入北京東交民巷使館區駐紮，並

不斷向清政府施壓。隨後，為了鎮壓義和團，英、美、俄、日、法、德、意、奧八國組成兩千人的聯軍，在英國將軍西摩爾的帶領下從天津向北京進發。

不過，八國聯軍進軍並不順利，因為義和團破壞了京津沿線鐵路，又在楊村、廊坊等地阻擊敵人，給了敵人沉重的打擊，逼得聯軍不得不退回天津租界區。之後，駐紮在大沽口的聯軍軍艦攻佔了大沽炮台，強行在大沽口登陸。

大沽炮台失守的消息傳到北京後，慈禧太后急忙召集大臣商量對策。大臣們一半主張鎮壓義和團，一半建議招撫，商量半天也沒個結果。

正在搖擺不定時，慈禧太后聽說列強要求自己把朝政大權交還給光緒皇帝，十分生氣，氣急敗壞之下，做出了一個驚人的舉動——向各國宣戰，並且支持義和團去打洋人。

另一邊，八國聯軍在攻下大沽口後，乘火車到達了天津的租界區，向天津城發起進攻。義和團首領曹福田和清軍提督聶士成為了保衛天津，準備率先出擊，奪取老龍頭火車站。

這老龍頭火車站，也就是現在的天津站，駐守着一千七百餘名沙俄侵略軍，它的位置剛好在八國聯軍重要的駐軍點——紫竹林租界的西北方，是聯軍箝制天津的關鍵關卡，地位十分重要。所以，為了奪下老龍頭火車站，義和團首領曹福田精挑細選了五百餘名精壯團員，以迅猛之勢包圍了那裏的駐軍，逼得他們舉白旗投降，成功控制了紫竹林租界的西北交通要道，之後又乘勝追擊，攻下幾處據點，將聯軍打得向租界逃竄。

隨後，另外一名義和團首領張德成又和清軍提督聶士成一起，率領一眾義和團成員和清軍，進攻紫竹林租界，打算對聯軍來個「痛打落水狗」。

為了阻止義和團，聯軍在租界周圍埋了不少地雷。義和團的勇士們見招拆招，牽來了好幾十頭牛，在牛尾巴上綁上燒着了的棉絮。受驚的牛往前衝，踩爆了地雷，義和團團員們乘勢出擊，殺了不少敵人。

義和團和清軍雖然取得了一些勝利，但是他們的紅纓槍和刀劍畢竟還是比不過八國聯軍的洋槍洋炮，所謂的降神附體、刀槍不入也失靈了，最終還是被八國聯軍打敗了。沒幾天，天津就被佔領了。

八國聯軍佔領天津後，對天津的老百姓進行了野蠻的屠殺和洗劫，並迅速聚集了近兩萬人的隊伍，由德國人瓦德西任司令，沿着運河兩岸直逼北京。清軍毫無還手之力，八國聯軍只花了十天時間就攻破了北京廣渠門，進入了內城。

慈禧太后見情況不妙，立即帶着光緒皇帝從德勝門出逃，先是逃往山西，後來又跑到西安躲了起來。她一邊翻臉指責義和團為「匪亂」，下令剿殺義和團，並無恥地請求八國聯軍「助剿」，一邊派李鴻章去跟列強乞和。

慈禧太后見列強沒有找自己算帳，竊喜逃過了一劫，竟然向列強表示要「量中華之物力，結與國之歡心」，與列強簽訂了一份極為不平等的條約，除了允許列強在北京使館等地駐軍，相當於解除了中國首都的全部防衞，還要向列強賠款白銀四億五千萬兩。這個條約簽訂的時間是 1901年，農曆是辛丑年，所以這份條約就叫《辛丑條約》。

《辛丑條約》的簽訂，讓本就陷入貧窮的中國雪上加霜，將百姓再一次推向了深淵，而清政府也完全喪失了主權和尊嚴。

知識加油站 事件

《辛丑條約》

《辛丑條約》是清政府與英、美、俄、日、法、德、意、奧、西、荷、比 11 個國家簽訂的不平等條約。它的主要內容包括：中國賠款 4.5 億兩白銀，分 39 年還清，本息共計 9.8 億兩，以海關稅等作擔保；清政府保證嚴禁人民參加各種形式的反帝活動；清政府拆毀大沽炮台，允許外國軍隊駐紮在從北京到山海關的鐵路沿線要地；將北京東交民巷劃為使館界，允許各國派兵駐守，不准中國人居住；改總理各國事務衙門為外務部，班列六部之前。

孫中山創立中國同盟會

治病救國的「醫生」們 ● ● ● ● ● ● ● ● ● ● ● ● ● ● ● ● ●

　　清朝末期，清政府的腐朽統治加上外國列強的侵略，令完整的國家支離破碎。人們想了各種辦法：農民戰爭、「洋務運動」、維新變法……想要叫醒這頭沉睡的「獅子」，但無一例外都失敗了。

　　大家可能會感到奇怪了，這些辦法都不行，到底哪一條路才行呢？這時候，有一個人就率先發出了靠民主革命振興中華的吶喊。這個人就是孫中山。

孫中山小時候也和我們一樣，非常喜歡聽故事，尤其喜歡聽太平天國抗擊清軍的故事。後來，十四歲的孫中山隨母親一起去了檀香山（位於太平洋上的一個小島，後來成了美國的領土），在那裏的教會學校學習，靠着自己聰明的小腦袋學習了豐富的西方自然科學和社會科學知識，打開了眼界。

　　回國後，孫中山又去了香港學習醫學，當了一名醫生。看過了外面的世界，有了知識傍身的孫中山回看祖國，就覺得落後的地方太多了，自己有責任和義務救國於危難之中，便立下了「改良祖國」的偉大志向。他決定放棄行醫，尋找「救國」的方法。很快，孫中山便結識了一些對清朝統治極度不滿的愛國青年，大家經常在一起商量、討論。

　　起先，孫中山並沒有打算推翻清政府，而是希望清政府可以學習西方，採用君主立憲制。於是他熱情滿滿地去了天津，給當時手握重權的李鴻章寫了一封信，建議清政府主動改革。但是，理想很豐滿，現實卻很殘酷，李鴻章沒有聽取孫中山的建議。這下，孫中山就下定了決心，既然和平變革行不通，那就只能靠拳頭説話了。

　　怎麼個靠拳頭説話法呢？一個人的拳頭肯定不行，眾人齊心力量才大。但當時國內環境緊張，清政府對革命志士的抓捕和控制是常有的事情。另外，大部分老百姓的思想都沒跟上，要説服他們豁出去革命很難。思慮再三，孫中山為了穩妥起見，制定了一個「曲線救國」的方案，漂洋過海去了他當初求學的檀香山，準備在那裏大展拳腳。

到檀香山沒多久，孫中山就召集了二十多個愛國華僑，創立了一個小小的革命組織，根據「振興中華」的意思，給它取名叫「興中會」。興中會成立不到一年時間，不爭氣的清政府又在「甲午戰爭」中吃了敗仗，賠了大筆款項，引得國民怨聲載道。孫中山一看，這不正是讓百姓覺醒的好時機嗎？他馬不停蹄地回到香港，成功地為興中會招募了大批「拳頭」，還把在廣州發動武裝起義的事情提上了工作日程。

不幸的是，「廣州起義」的消息不小心走漏了，還沒等到正式起義，武器裝備就全被清政府收繳了，一部分人還因此犧牲了，孫中山也被迫走上了逃亡的道路，逃到了英國。在英國的時候，清政府的密探嗅到了他的蹤跡，把他祕密囚禁起來，打算裝在木箱裏運回國。幸好孫中山向一個英國友人求助，讓英國媒體披露了自己被捕的事情。在英國輿論的幫助下，他才免於一難。

孫中山逃亡在外，他把自己的逃亡生涯變成了遊學，在日本、英國、美國等各個國家深入地學習和了解它們的政治思想，提煉出自己的見解。他後來提出的「三民主義」，就是在這個時期初步形成的。

孫中山一邊逃亡一邊自我提升，其他的愛國人士也沒有閒着。一些接受過西方教育的年輕人都自發地組織起來，創辦了不少革命刊物，建立了大大小小的革命組織，滿腔熱血地要為救亡圖存努力，革命熱情十分高漲。

可有人的地方就會有矛盾和爭端，不同的組織有不同的想法，大家不能同心協力，怎麼辦呢？孫中山也想到了這個問題，所以他一直都在積極地聯絡各個組織，希望各個組織能夠聯合起來，發揮出最大的力量。

很快，各個組織的領導人、革命志士就在日本和孫中山碰頭了。他們迅速商討出一套聯合革命的方案——成立一個叫「中國同盟會」的組織。組織的總部設在東京，世界各地設有分會，組織成員都受孫中山領導。

同盟會成立後，為了增強凝聚力，他們又推出了一套「驅除韃虜，恢復中華，創立民國，平均地權」的革命宗旨，創立了《民報》作為輿論工具，吸引更多的人加入進來。

同盟會的成立給了革命這駕馬車一個清晰的方向，革命力量越來越強大，武裝起義也越來越頻繁。

知識加油站 制度

三民主義

　　「三民主義」是中國第一個資產階級民主革命綱領，它是在《民報》的發刊詞中被孫中山首次提出的。「三民主義」包含了民族、民權、民生三個方面。民族主義的意思是用革命的手段來推翻滿洲貴族的統治。民權主義是指建立一個資產階級民主共和國，讓所有國民平等地享有各項權利，履行義務。民生主義的內容是平均地權，也就是國家要求地主對自己所擁有的土地進行估價上報，如果估價高，那麼國家要徵收相應的賦稅；如果估價低，那麼國家可以按估價買地，以後上漲的地價歸全民所有。平均地權可以減少地主從地租或者地價變化中獲取暴利的可能性。

黃花崗起義

革命的第一聲槍響

中國同盟會成立以後，全國各地大大小小的武力革命逐漸增多，但都沒能把清政府一舉推翻。1911 年，以黃興和趙聲這兩位同盟會領導人為首的一批革命人士從國內外聚集到香港，謀劃着在廣州發動一次大規模的武裝起義，再一鼓作氣往北攻下湖南、湖北、江西三省，最後直搗北京，徹底推翻清政府的腐敗統治。

他們為起義做了大量的前期工作，把起義時間設定在四月十三日，成立了一個起義的統籌部，負責籌措經費、購買槍支彈藥，並計劃安排一部分人先潛進廣州城做地下活動，將軍火等物資運送進城，等到約定的日子，再和大部隊裏應外合。

　　準備工作緊鑼密鼓地進行，很快就到了四月八日，距離起義日期只剩五天，壞消息卻傳到了黃興耳朵裏。原來，有一部分革命黨人為了降低起義的困難程度，在沒有和黃興商量的情況下，擅自決定去暗殺廣州水師提督李準。而到了暗殺的緊要關頭，負責刺殺的革命黨人經驗不夠，只憑着轎子認人，把坐在八人抬的大轎裏的廣州將軍孚琦誤殺了。這一舉動無異於打草驚蛇，廣州城內立即戒嚴起來，清軍四處搜捕革命黨人。

　　在這風口浪尖上動手絕不是明智的行為，黃興非常明白這一點，就把起義日期往後挪到了四月廿七日。不料到了四月廿五日，又突生事端，廣州官員似乎是聽到了甚麼風聲，突然調集了許多兵力駐守在廣州，還把

廣州城的制高點越秀山控制了起來。這麼一來，起義行動就陷入了進退兩難的境地：打，力量懸殊；不打，箭又在弦上。怎麼辦好呢？有一部分人就打起了退堂鼓：「要不我們把起義日期再往後延遲吧。」黃興沒有採納這部分人的建議，堅持要按時起義，並向革命同志們說道：「每晚一天，就多一天的變數，我們無法預料到接下來會發生甚麼。而且，為了這次起義，我們做了許多的準備，軍備武器早已進了城，再要運出去幾乎是不可能了。我們的革命夥伴也都從外地趕了過來，耗費了許多的精力心血，我們萬不能臨門一腳退縮，讓之前的努力付諸東流。各位同志請放心，我黃興必定同大家共生死！」在黃興的鼓舞下，原本還有些猶豫的革命黨人都變得勇敢起來。

到了起義的日子，黃興組建了一個一百三十多人的敢死隊，每個隊員臂上綁着白布條，手持槍和炸彈，在起義的海螺號聲中出發，一路打倒企圖抵抗的巡警，徑直向兩廣總督署衝去，想要擒獲兩廣總督張鳴岐。

總督署門口的守衛不多，很快就被革命志士們拿下了，而衙門裏的士兵聽到槍聲，一溜煙就逃得沒影了。有個膽子大的巡捕見黃興他們衝了進來，就把門上了閂。等黃興他們好不容易開了門去找張鳴岐，卻發現官衙裏人去樓空，張鳴岐早就放棄了官署，逃到水師提督李準那裏搬救兵去了。

黃興等人撲了個空，就放火燒了衙門，打算另起爐灶。剛衝出衙門口，就碰上了包圍過來的水師軍隊，雙方對峙起來。這時候，起義軍裏有個人原先聽說水師裏面有革命者，就朝着敵軍高喊：「我們都是漢人，要同心協力驅除滿族，同志們，快倒戈反擊，殺死李準！」結果話還沒說完，敵人一槍打了過來，當場就要了他的命，隨後不斷有革命者在清軍的流彈中犧牲。

黃興見狀，便號令革命黨人和敵人展開激戰。混戰中，黃興右手的兩個手指頭被打斷了，十指連心疼得要命，但他仍咬着牙繼續開槍。見局勢不妙，他將剩餘的人分成三路，一路進攻小北門，一路攻打督練所，自己領一路大約十多人的隊伍去攻南大門。

每一路的革命黨人都奮勇前進，冒着槍林彈雨和敵人對戰。攻打北小

門的隊伍甚至以米店為防禦基地，堅持同敵人戰鬥到天亮。但清軍畢竟人數眾多，張鳴岐還下令放火燒街，逼迫起義軍現身，好將他們一網打盡。這樣，經過一夜激戰，革命黨人死的死，傷的傷，最後只剩下黃興一人喬裝打扮出城，逃回了香港。起義失敗了。

但是，這次起義轟動了全國，加快了革命的進程，更大規模的起義已經在醞釀，清政府的統治很快就要走向滅亡了。

黃花崗七十二烈士

「黃花崗起義」失敗後，中國同盟會成員冒着風險，在報紙上公開了犧牲的起義者的身份，並組織了一百多人去處理他們的屍體，最終將散落在廣州城各處的七十二位烈士遺骸收集起來，妥善安葬在廣州郊外的紅花崗，還將紅花崗改名為黃花崗，沉睡在這裏的烈士也因此被稱為「黃花崗七十二烈士」。

紹興辛亥三傑

一場起義中的三個英雄

　　在腐朽的清政府統治和西方列強入侵的夾擊下，中國處於風雨飄搖之中。為了救亡圖存，許多仁人志士都放下了手中的筆桿，全身心地投入到革命事業當中，有不少優秀的革命黨人甚至獻出了寶貴的生命。陶成章、徐錫麟和秋瑾三人便是為國拋頭顱灑熱血的勇士，他們都是紹興人，因而被人們稱為「紹興三傑」、「辛亥三傑」。

　　三傑之一的陶成章是上海光復會的創始人。他從小聰明好學，有過目不忘的本事，是一個有知識、有文化的人，滿腔熱血，立志救國。最開始，他的革命計劃比較簡單直接，就是仿效「荊軻刺秦王」，衝進皇宮裏刺殺慈禧太后。但宮院深深，別說刺殺，連接近慈禧太后都很難，陶成章去了兩次北京，連慈禧太后的面都沒見着。刺客當不成，陶成章很快就調整了方案，去日本留學，尋找更多的革命方法。

　　在日本，陶成章功課不錯，還結識了不少像徐錫麟、秋瑾這樣志同道合的人，大家時常湊在一起談天說地，聊革命理想。但是沒過多久，陶成章的反清思想就被清政府負責留學生工作的官員發現了，便找藉口取消了陶成章的學籍，進而把他遣送回國。

　　回國後的陶成章奔走在浙江、江蘇等地，向百姓們宣傳革命思想，建立革命據點，小規模地組織羣眾。漸漸地，組織規模越擴越大，他便在上海創立了一個叫「光復會」的組織，專門用來聯絡會黨，團結革命力量。

徐錫麟是上海光復會聯絡的首批會黨，他也是三傑之一，是一名悲情的「刺客」。徐錫麟出生在浙江紹興一個名門望族，自己又挺爭氣，年紀輕輕就成了紹興府學校的副監督。有一次，徐錫麟去日本，發現一個中國的古鐘在日本的博覽會上展出。這件事深深刺痛了徐錫麟，他深感一個弱小的國家就如砧板上的肉，只能任人宰割。自己身為華夏兒女，應該為祖國發一份光、一份熱。

很快，徐錫麟就認識了陶成章、秋瑾等人，在交往之中立下了以武力革命救國的堅定信念，積極加入了陶成章成立的光復會。入會以後，徐錫麟就跟陶成章討論起來：光復會革命的主要手段是暴動和暗殺，這些都需要一定的技能，得招募專門的人才，還需要對他們進行培訓才行。於是，他們就在紹興創辦了大通學堂，專門教授革命志士們軍法紀律和技能。

有了人才儲備，革命就不能僅僅停留在殺幾個人的小打小鬧階段了，陶、徐開始籌劃在皖浙的起義。但在正式起義之前，部分起義者名單就被洩露了，逼得徐錫麟他們不得不臨時調整計劃，在安徽巡警學堂畢業典禮那天倉促起事。

起義當天，畢業典禮一開始，安徽巡撫剛剛落座，徐錫麟就從靴子裏掏出兩把手槍，左右手同時朝着巡撫開槍，身中數彈的巡撫很快就被護衛揹走了，而徐錫麟則率領學生們佔領了軍械所，與圍上來的清軍激戰了四個小時，最後不幸被俘，慷慨就義。而其他起義人士也被逮捕審問，在清軍的嚴刑逼供下，有人把秋瑾供了出來。

秋瑾是紹興三傑中唯一的「女豪傑」，她膽子大，有主見，和那個時代的女子都大不一樣。原本，秋瑾同經商的丈夫住在福建，育有兒女，但她卻不甘於將相夫教子作為人生的最終目標，她迫切地想走出去看看更大的世界。於是，她便鼓起勇氣東渡日本留學。

在日本，她學習了科學知識，接觸到了許多先進的革命思想，還與陶成章、徐錫麟等人成為好朋友，義無反顧地投身到了革命事業當中。回國後，秋瑾就和徐錫麟一同加入了光復會，與陶成章等人一起密謀策劃「浙皖起義」。

「浙皖起義」時，秋瑾本來扮演着起義後援的角色。從報紙上得知徐

錫麟就義的消息後，秋瑾便知道清軍肯定會趕盡殺絕。她不想所有人都被清軍來個「一鑊熟」，做太多無謂的犧牲，便立刻遣散了最後一批同志，自己留下來轉移清軍視線，為其他人爭取逃亡的時間。果不其然，起義一週後，清軍就包圍了大通學堂，逮捕並殺害了秋瑾。

好友們的犧牲給了陶成章不小的打擊，他自己也被清政府通緝。沒辦法，他只能遠走海外散播革命的種子。「辛亥革命」成功後，他設立光復軍司令部，積極準備北伐，可惜事業未竟，就被蔣介石等人暗殺了。

知識加油站 事件

上海光復會

上海光復會是清朝末期著名的革命團體，也是中國同盟會的團體成員之一。他們的入會誓詞是：「光復漢族，還我山河，以身許國，功成身退。」光復會主要的革命手段是暗殺和暴動，主要的活動範圍是在上海、浙江、江蘇和安徽等地。

武昌起義

清王朝的末日 ● ● ● ● ● ● ● ● ● ● ● ● ● ● ● ● ●

　　「黃花崗起義」失敗後，革命黨人迅速收拾好失落的心情，決定在以武漢為中心的兩湖地區發起新一輪的武裝起義。

　　而在此之前，搖搖欲墜的清王朝為了保住皇權，竟然破天荒地宣佈要仿效西方，推行「君主立憲制」改革。不過，他們的改革並不真心，連組建出來的內閣都是由慶親王奕劻（kuāng，粵音康）當總理，九個滿洲貴族當國務大臣，漢人只有少得可憐的四名。

　　如此荒唐的改革措施一出，連原先溫和的改革派也坐不住了，毅然決然地投身到了武力革命的陣營當中，全國各地大大小小的起義如雨後春筍一般冒了出來，越來越多。

　　眼見起義軍越來越多，清政府就要出兵鎮壓。鎮壓就意味着要打仗，打仗就得花錢。但這時候清政府財政十分緊張，錢從哪來呢？思來想去，飢不擇食的清政府便想到了找西方列強借錢。

　　借錢可以，但是得有抵押。英、法、德、美四國銀行團向清政府提出以川漢鐵路幹線的路權作為抵押。這條川漢鐵路幹線本是清政府推行「新政」時由四川人民自主修建的鐵路，跟清政府一點關係都沒有。但清政府為了借到錢，隨便編了個理由就把這條鐵路收歸國有，迫不及待地要跟英、法、美、德四個國家簽訂借錢合同。

　　如此離譜又愚蠢的賣國行為激起了平民百姓的強烈反對，尤其是四川人民。他們帶頭成立起了一個保路同志會，在成都罷市罷課來反抗。清政府下令四川官員趙爾豐從嚴處置這些鬧事的人。趙爾豐用武力鎮壓人民，槍殺了數十名無辜百姓。

　　消息傳開，其他省市保路會的同仁紛紛奔赴四川支援，短短七八天，成都郊外就聚集了一二十萬人。清政府完全沒想到事情會鬧到這個地步，趕緊抽調雲南、貴州、湖南、湖北等省的軍隊前往四川鎮壓。如此一來，

　　湖北武昌等地的兵力一下子就陷入了空虛，這給原本就打算在兩湖一帶起
義的革命者創造了一個絕佳的契機。

　　1911 年 10 月 10 日晚，革命黨人起義的第一槍正式打響了。新軍工
程第八營的革命黨人打頭陣，奪取了武昌楚望台的軍械庫，拿到了步槍、
大炮、子彈等作戰裝備。其餘各路人馬緊隨其後，以火光作為號令，朝楚
望台集中。匯合後的起義軍又兵分三路，以炮彈作為掩護，進攻政府大樓
和司令部。一夜過去，武昌就被革命黨人成功控制了。這次起義發生在武
昌，因此被稱為「武昌起義」。

　　勝利來得如此之快，革命黨人反而不知道下一步該怎麼走了。於是，
他們就湊在一起商量，要找一個有威望的人來主持後續的工作。找誰呢？

有人就提議説，黎元洪還在城裏，他好歹是個名將，有些號召力，可以請他出面。眾人一聽覺得有道理，就決定成立一個湖北軍政府，推舉黎元洪當都督。

黎元洪跟革命沒有甚麼關係，還在「武昌起義」的當晚殺掉了翻牆潛入他的軍營的革命士兵。所以，當革命黨人來請他當都督的時候，他嚇得藏了起來。等革命黨人把他押到軍政府成立儀式會場，用槍逼着他在安民佈告書上簽字，他還是百般拒絕，只朝着革命黨人叫嚷：「別害我！別害我！」

革命黨人也懶得再理會黎元洪的態度了，他們直接宣佈廢除清朝宣統皇帝的年號，成立「中華民國」新政權，還向全國發佈了文告，隨即又佔領了漢口和漢陽。黎元洪見清朝大勢已去，外國列強態度又曖昧不明，這才剪掉了辮子，出任都督。

沒多久，全國各地紛紛響應，前後共有十四個省宣佈獨立，支持革命。因為 1911 年是農曆的辛亥年，因此歷史上稱這次革命為「辛亥革命」。

之前一直在海外為革命募集資金的孫中山在得到起義成功的消息後，就趕緊回了國。沒多久，各省代表在南京召開會議，孫中山被選舉為中華民國臨時大總統，黎元洪為副總統。中華民國由此正式成立了。

面對這樣的局勢，清政府頓時亂了陣腳，攝政王載灃先是派大臣帶領北洋軍前往鎮壓，但是部隊根本不聽指揮。沒辦法，載灃只得去請之前被清政府奪去兵權的袁世凱出山。

袁世凱見載灃有求於他，就跟載灃談起了條件，要求清政府改組內閣，把指揮全國水陸各軍的軍權都交給自己。走投無路的載灃只能答應，將袁世凱任命為內閣總理大臣，派他南下鎮壓起義軍。

但大家都知道，袁世凱在「百日維新」的時候就有背叛光緒皇帝的歷史，是個不值得信任的人。果不其然，他見清政府大勢已去，就有了自己當政的想法，於是一邊拿革命黨來威脅清政府，一邊又與革命黨人談判，趁機奪取最高統治權。

基於這樣的小心思，袁世凱攻打武漢革命黨人時打到一半就停了下

來，要與革命黨人和談。黎元洪等人也覺得打下去損失太大，目前主要的任務是推翻清政府，於是便與袁世凱和談，並許諾說，只要袁世凱推翻清政府，就讓他當未來的民國大總統。孫中山也發聲明說，只要清朝皇帝退位，袁世凱真正贊成共和，自己就辭職。袁世凱一看這個情況，轉頭就調動各方力量，逼迫清朝皇帝退位。

這時慈禧太后和光緒都已去世了，面對咄咄逼人的袁世凱，隆裕太后帶着六歲的宣統皇帝一點辦法也沒有。最後，她只得選擇讓皇帝退位，與袁世凱談好條件後，正式頒佈了皇帝退位詔書，統治中國二百六十多年的大清王朝由此畫上了句號，從秦始皇以來延續了兩千多年的帝制也宣告終結。最終，袁世凱如願以償地坐上了中華民國大總統的位子，中國歷史也將進入一個全新的篇章。

知識加油站 制度

中華民國的中央機構設置

中華民國正式成立後，革命黨人組建了比較完備的中央行政機構和立法機構。其中，中央行政機構包括陸軍部、海軍部、外交部、內務部、財政部、司法部、交通部、實業部、教育部以及法制局和秘書處。立法機構主要是臨時參議院。各個機構主要成員有立憲派、舊官僚和革命派三種成分，革命派的人員居於主要地位。

當時的世界

1912 年，清宣統帝宣佈退位。1914 年，奧地利皇儲斐迪南在波斯尼亞首府薩拉熱窩遇刺，成為「第一次世界大戰」的導火索。一個月後，「第一次世界大戰」爆發。

歷史年表

遠古至西周	
距今 170 萬年	元謀人。
距今 70 萬–20 萬年	北京人。
距今 3 萬年	山頂洞人。
距今 7,000 年	河姆渡文化。
距今 6,000 年	半坡文化。
距今 6,000–4,000 年	傳說中黃帝、堯、舜、禹時期。
公元前 2070 年	夏朝建立。
公元前 1600 年	商湯滅夏，商朝建立。
公元前 1300 年	「盤庚遷殷」。
公元前 1250 年	「武丁中興」。
公元前 1046 年	周武王滅商，西周開始。
公元前 1042 年	周成王即位，周公旦攝政。
公元前 841 年	「國人暴動」，周厲王被驅逐；「周召共和」，中國歷史開始有了確切的紀年。

春秋戰國	
公元前 770 年	周平王遷都洛邑，東周開始。
公元前 722 年	鄭莊公平定其弟段叔之亂。
公元前 707 年	周桓王率軍伐鄭，戰於繻葛。
公元前 685 年	齊桓公即位。
公元前 684 年	齊、魯戰於長勺。
公元前 651 年	齊桓公在葵丘召集諸侯會盟。
公元前 638 年	宋襄公與楚戰於泓，宋敗，宋襄公受傷去世。
公元前 636 年	晉文公即位。
公元前 632 年	晉、楚「城濮之戰」。
公元前 627 年	秦伐鄭，弦高退秦師；秦、晉「崤之戰」。
公元前 613 年	楚莊王即位。
公元前 606 年	楚莊王伐陸渾之戎，陳兵周王室邊境，問鼎中原。
公元前 551 年	孔子出生。

公元前 506 年	伍子胥復仇。
公元前 473 年	越國滅吳國，夫差自殺。
公元前 453 年	韓、趙、魏聯合擊敗智氏，平分其地，分別壯大了韓、趙、魏三家的勢力。
公元前 403 年	周威烈王封韓、趙、魏三家為侯國，正式承認了他們諸侯的地位。
公元前 381 年	吳起實行變法，得罪守舊貴族，慘遭殺害。
公元前 356 年	商鞅開始在秦國實行變法。
公元前 355 年	齊威王起用鄒忌推行改革，「謹修法律而督奸吏」。
公元前 353 年	魏、齊「桂陵之戰」。
公元前 341 年	「馬陵之戰」，龐涓自殺。
公元前 307 年	趙武靈王「胡服騎射」。
公元前 299 年	孟嘗君派馮諼收租。
公元前 283 年	「完璧歸趙」。
公元前 279 年	田單發動火牛陣，逐燕軍出齊國。
公元前 278 年	屈原投汨羅江。
公元前 260 年	「長平之戰」。
公元前 227 年	燕國太子丹派荊軻刺殺秦王。
公元前 223 年	秦滅楚。

秦朝

公元前 221 年	秦滅六國，統一全國。
公元前 219 年	秦始皇登泰山封禪。
公元前 214 年	蒙恬擊退匈奴，修築長城。
公元前 213 年	秦始皇禁止民眾講習詩書典籍，焚毀民間藏書。
公元前 212 年	秦始皇坑儒。
公元前 210 年	秦始皇巡遊途中病死，李斯、趙高擁立胡亥為皇帝。
公元前 209 年	陳勝、吳廣起義；劉邦起於沛；項梁、項羽起於吳。
公元前 208 年	項羽在鉅鹿大破秦軍。
公元前 207 年	趙高殺二世，立子嬰。
公元前 206 年	劉邦至灞上，子嬰請降，秦朝滅亡；項羽入咸陽，焚掠一空；項羽自立為西楚霸王。

漢朝	
公元前 202 年	劉邦圍項羽於垓下，項羽兵敗自殺；劉邦稱帝，初建都洛陽，後遷都長安。
公元前 180 年	周勃、陳平平定「諸呂之亂」。
公元前 154 年	吳王劉濞與楚王劉戊等七國叛亂，周亞夫等率軍聯合梁王平叛。
公元前 139 年	漢武帝命張騫出使月氏國。
公元前 127 年	衛青擊敗匈奴，收復河套南部，置朔方郡。
公元前 126 年	張騫出使月氏十三年始得返漢，開闢了西域通道。
公元前 121 年	霍去病擊敗匈奴右部，匈奴渾邪王率眾四萬餘人降漢。
公元前 119 年	衛青、霍去病各領五萬餘騎深入漠北攻擊匈奴，匈奴受挫，主力遠離漠南。
公元前 104 年	司馬遷大約在此年開始編寫《史記》。
公元前 87 年	漢武帝去世，幼子劉弗陵即位，是為漢昭帝，霍光輔政。
公元前 81 年	蘇武出使匈奴，被囚十九年，於此年被釋放歸漢。
公元前 74 年	漢昭帝去世，無子，霍光等迎立昌邑王劉賀為帝，二十七日後廢黜，另立劉詢為帝，是為宣帝。
公元前 33 年	「昭君出塞」。
公元前 1 年	王莽輔政。
9 年	王莽代漢，國號為「新」。
22 年	劉縯、劉秀等起於宛，與綠林軍合。
23 年	綠林軍擁立劉玄為帝，建元「更始」；「昆陽之戰」；更始帝派兵攻長安，長安民眾起義，殺死王莽，新朝滅亡。
25 年	劉秀稱帝於河北，改元「建武」，建都洛陽，史稱東漢。
73 年	竇固命班超出使西域，使鄯善、於闐等國歸順漢朝，西域復通。
89 年	竇憲任大將軍專權。
92 年	漢和帝與宦官鄭眾共謀發動政變，免竇憲官，逼其自殺，宦官開始干政。
105 年	蔡倫奏上造紙法，天下均用「蔡侯紙」。
141 年	梁冀任大將軍主政，不久漢順帝死，梁冀專權二十年。
159 年	漢桓帝與宦官單超等五人密謀政變，誅殺梁冀。
166 年	當權宦官指責李膺等官僚、儒生結黨誹謗朝政，逮捕二百多人，這些人次年被免官禁錮，史稱「黨錮之禍」。
184 年	張角部署徒眾三十餘萬人於七州二十八郡同時起義，史稱「黃巾起義」。

190 年	關東諸侯起兵討伐董卓。
194 年	孫策率舊部渡江，數年間佔據江東。
196 年	曹操迎漢獻帝，都許昌，改元「建安」。
200 年	「官渡之戰」；孫策去世，孫權統領江東。
207 年	「隆中對」。
208 年	「赤壁之戰」。

三國

220 年	曹丕篡漢，建立魏國。
221 年	劉備稱帝，建立蜀漢。
222 年	「夷陵之戰」。
225 年	諸葛亮率兵南征。
227 年	諸葛亮上《出師表》，率軍駐紮漢中，備戰北伐。
229 年	孫權稱帝，建立吳國。
249 年	司馬懿發動兵變，殺死曹爽，專權。
263 年	鄧艾攻打成都，蜀漢後主請降，蜀漢滅亡。
266 年	司馬炎篡魏，受禪即帝位，建立晉朝。

兩晉南北朝

280 年	晉滅吳，統一全國。
280–289 年	「太康之治」。
290 年	晉武帝死，子司馬衷即位，是為晉惠帝；一年後，「八王之亂」開始。
301 年	氐族李特率領流民在綿竹起義，進攻成都。
306 年	「八王之亂」結束；李特子李雄稱帝，國號「大成」。
311 年	漢趙劉曜攻入洛陽，俘晉懷帝；中原士族大批南遷。
313 年	漢趙主劉聰殺晉懷帝；司馬鄴在長安即位，是為晉湣帝；祖逖率部渡江北伐。
316 年	漢趙劉曜攻陷長安，晉湣帝出降，西晉滅亡。
317 年	琅琊王司馬睿在建康即位，史稱東晉。
330 年	石勒正式稱帝。

357 年	苻堅起兵殺苻生，即帝位，任用漢人王猛。
383 年	「淝水之戰」。
386 年	拓跋珪建立北魏。
420 年	劉裕建立劉宋，東晉亡，南朝開始。
476 年	北魏馮太后毒死北魏獻文帝，再臨朝改制。
479 年	蕭道成即帝位，建立南齊。
485 年	北魏孝文帝施行均田令。
490 年	北魏馮太后死，北魏孝文帝親政。
494 年	北魏孝文帝遷都洛陽，以後推行一系列漢化政策。
502 年	蕭衍即帝位，建立南梁，是為梁武帝。
528 年	北魏爾朱榮發動「河陰之變」。
534 年	高歡立孝靜帝，稱東魏，從此北魏分裂為東魏和西魏。
535 年	宇文泰立西魏文帝，稱西魏。
548 年	「侯景之亂」。
550 年	高洋稱帝，建立北齊；東魏亡。
557 年	陳霸先稱帝，建立陳朝，南梁亡；西魏宇文覺稱天王，北周建國，西魏亡。

隋朝	
581 年	楊堅建立隋朝。
604 年	楊廣登基。
605 年	隋煬帝遊江都。
611 年	隋末農民起義爆發。

唐朝	
618 年	隋朝滅亡，李淵建立唐朝。
626 年	「玄武門之變」。
627 年	玄奘法師開始西行。
641 年	文成公主入藏。

683 年	唐高宗去世，唐中宗即位，武則天專權。
684 年	武則天廢唐中宗，立唐睿宗；徐敬業起兵，駱賓王為其寫討武檄文。
686 年	武則天任用來俊臣等人。
690 年	武則天開創殿試；武則天稱帝，改唐為周。
705 年	張柬之等迎唐中宗復位；武則天病逝。
710 年	韋后等毒殺唐中宗，立唐少帝，韋后專權；臨淄王李隆基起兵殺韋后等，立其父唐睿宗復位。
712 年	唐睿宗傳位其子李隆基，是為唐玄宗。
713 年	唐玄宗鎮壓太平公主政變。
734 年	李林甫始任宰相，兩年後獨任宰相。
742 年	安祿山任平盧節度使。
745 年	唐玄宗納楊貴妃。
754 年	鑒真東渡到達日本。
755 年	「安史之亂」爆發，叛軍攻陷洛陽。
756 年	「馬嵬坡之變」。
763 年	「安史之亂」結束。
808 年	「牛李黨爭」。
835 年	「甘露之變」。
874 年	「黃巢起義」開始。

五代	
907 年	朱溫篡唐，建立後梁。
916 年	耶律阿保機稱帝，國號為「契丹」。
923 年	李存勗即帝位，建立後唐；後唐滅後梁，建都洛陽。
926 年	契丹滅渤海國，在渤海建東丹國，封長子耶律倍為東丹王；阿保機去世，耶律德光即位，是為遼太宗。
936 年	石敬瑭獻遼幽雲十六州，幾個月後稱帝，國號為「晉」，史稱後晉；後晉滅後唐。
947 年	後晉滅亡；遼太宗改國號為「遼」；後晉河東節度使劉知遠入汴梁，建立後漢。
951 年	遼世宗被刺殺，遼穆宗即位；郭威代漢，建立後周。

宋遼夏金	
960 年	「陳橋兵變」，趙匡胤建立宋朝。
976 年	宋太祖去世，宋太宗即位，留下了一則千古謎案。
979 年	「高梁河之戰」。
983 年	蕭太后改革。
990 年	遼封李繼遷為夏國王。
993 年	王小波、李順起義。
1004 年	「澶淵之盟」。
1038 年	党項族李元昊建立夏國。
1041 年	「好水川之戰」。
1044 年	宋夏議和，「慶曆新政」失敗。
1061 年	夏毅宗改制。
1063 年	遼道宗平叛。
1069 年	王安石「熙寧變法」。
1084 年	司馬光完成《資治通鑒》。
1085 年	宋神宗死，宋哲宗即位，高太后秉政，起用司馬光，廢除新法。
1094 年	宋哲宗親政，重新召用變法派，貶逐守舊派。
1095 年	沈括去世，去世前完成了《夢溪筆談》。
1114 年	女真首領完顏阿骨打起兵反遼，大敗遼兵於高河店。
1115 年	完顏阿骨打稱帝，是為金太祖，建國大金。
1118 年	宋遣使渡海往東北，與金商議夾攻滅遼，至 1120 年訂立盟約，史稱「海上之盟」。
1119 年	山東爆發「宋江起義」。
1120 年	金太祖取上京，遼天祚帝逃奔西京。
1125 年	金俘遼天祚帝，遼滅亡；金軍大舉攻宋，宋徽宗傳位太子趙桓，是為宋欽宗。
1127 年	金廢徽、欽，俘之北還，北宋滅亡；南宋建立。
1141 年	宋金簽訂「紹興和議」，次年年初岳飛以「莫須有」的罪名被殺。
1149 年	金海陵王完顏亮即位。

1153 年	金海陵王遷都燕京。
1161 年	金臣擁立完顏雍為帝,是為金世宗,海陵王兵敗采石磯被殺。
1162 年	宋高宗傳位趙昚,是為宋孝宗。
1164 年	宋金議定「隆興和議」,次年達成。
1195 年	韓侂胄執政。
1206 年	鐵木真建立蒙古國,各部尊鐵木真為成吉思汗;韓侂胄發動「開禧北伐」,兵敗。
1215 年	蒙古取金中都(今北京市)。
1216 年	成吉思汗西征花剌子模。
1220 年	丘處機帶領十八名弟子離開山東昊天觀,啟程西行。
1222 年	丘處機途經鐵門關抵達「大雪山」(今興都庫什山)八魯灣行宮觀見成吉思汗。
1226 年	成吉思汗征西夏。
1227 年	成吉思汗病死於清水,西夏滅亡。
1229 年	窩闊台繼承汗位。
1230 年	窩闊台征金國,拖雷統兵征宋。
1234 年	宋、蒙聯軍破蔡州,金朝滅亡。
1257 年	蒙哥親征南宋。
1259 年	旭烈兀侵入敍利亞;蒙哥攻打合州時身亡;忽必烈在鄂州與南宋議和,北還奪位。
1260 年	忽必烈奪取汗位,發行「中統元寶交鈔」。

元朝	
1271 年	忽必烈改國號為「大元」,元朝開始。
1272 年	忽必烈改中都為大都。
1273 年	元軍破襄陽、樊城,歷時五年的「襄樊之戰」結束,元軍長驅直下長江。
1274 年	忽必烈命伯顏率軍二十萬征南宋。
1275 年	馬可‧孛羅隨父、叔抵達大都,從此在華十七年。
1278 年	文天祥被俘。

1279 年	元軍破崖山，陸秀夫抱小皇帝投海，南宋滅亡。
1281 年	郭守敬等制定《授時曆》。
1293 年	元朝恢復科舉制度。
1323 年	元英宗起用拜住推行新政；發生「南坡之變」。
1328 年	「兩都之爭」。
1340 年	脫脫發動政變，趕走伯顏。
1341 年	脫脫任右丞相，推行更化政策。
1345 年	《遼史》、《金史》、《宋史》修成。
1350 年	元廷更改鈔法，發行「新中統元寶交鈔」，鑄至正通寶錢，鈔法大壞。
1351 年	「紅巾軍起義」爆發。
1363 年	朱元璋與陳友諒戰於鄱陽湖，陳友諒戰敗，中箭身亡。

明朝
1368 年	朱元璋稱帝，建國號為「明」，以應天為南京；徐達攻克大都，元順帝出奔上都，元朝滅亡。
1380 年	胡惟庸案爆發，朱元璋廢中書省，罷設丞相。
1398 年	朱元璋去世，建文帝朱允炆即位，開始削藩。
1399 年	燕王朱棣起兵，「靖難之役」開始。
1402 年	朱棣攻克南京，朱允炆下落不明，朱棣即位，是為明成祖。
1405 年	鄭和奉令率船師首次出使西洋諸國，1407 年 9 月還。
1407 年	《永樂大典》修成。
1421 年	朱棣定都北京，定南京為陪都。
1424 年	朱棣去世，太子朱高熾即位，為明宣宗。
1435 年	朱祁鎮即位，為明英宗；王振入掌司禮監，招權納賄，為明代宦官亂政的開始。
1449 年	「土木堡之變」；「北京保衛戰」。
1450 年	明英宗回北京。
1457 年	「奪門之變」，明英宗復位。
1505 年	朱厚照即位，為明武宗，也就是正德皇帝。

1506 年	劉瑾掌管司禮監，專權亂政。
1514 年	葡萄牙商船首次到達中國，登陸。
1548 年	嚴嵩輔政。
1561 年	戚繼光大敗倭寇於台州。
1572 年	朱翊鈞即位，為明神宗，也就是萬曆皇帝，張居正輔政。
1578 年	張居正改革，施行一條鞭法。
1581 年	努爾哈赤復仇起兵，攻尼堪外蘭。
1586 年	萬曆漸不上朝理事。
1590 年	羣臣請立太子，「爭國本」事起。
1592 年	倭寇入侵朝鮮，李如松率軍援朝。
1601 年	利瑪竇到北京，進獻方物。
1615 年	努爾哈赤建立八旗制度。
1616 年	努爾哈赤建立大金。
1618 年	努爾哈赤以「七大恨」告天，正式向明宣戰，同年攻下撫順。
1619 年	「薩爾滸之戰」，明軍大敗。
1620 年	「紅丸案」、「移宮案」；魏忠賢開始專權。
1621 年	努爾哈赤攻下瀋陽。
1623 年	荷蘭侵佔澎湖，次年侵佔台灣南部。
1626 年	袁崇煥大敗努爾哈赤於寧遠；同年，努爾哈赤因受挫去世，皇太極繼承汗位。
1627 年	崇禎皇帝即位，鏟除魏忠賢。
1629 年	皇太極用反間計，使袁崇煥下獄。
1630 年	李自成參加起義軍，張獻忠起義，袁崇煥被殺。
1631 年	皇太極設六部，獨受朝拜。
1635 年	皇太極宣佈廢除「女真」稱號而定族名為「滿洲」。
1636 年	李自成被推舉為闖王；皇太極改國號為「清」。
1642 年	荷蘭侵佔整個台灣；清朝取得松錦大捷，祖大壽、洪承疇等降清。
1643 年	皇太極死，福臨即位。

清朝	
1644 年	李自成在西安稱王，國號「大順」，3月，攻克北京，崇禎皇帝自縊於煤山，明朝滅亡；吳三桂降清，引清兵入關；明福王朱由崧在南京建立「福王政權」。
1645 年	清破揚州，屠殺十日，史可法就義。
1661 年	康熙皇帝登基。
1662 年	鄭成功收復台灣。
1669 年	康熙鏟除鰲拜集團。
1670 年	吳三桂在雲南發動叛亂。
1681 年	康熙平定「三藩之亂」。
1683 年	施琅攻下台灣。
1689 年	中俄《尼布楚條約》簽訂。
1690 年	康熙首次親征噶爾丹。
1697 年	康熙第三次親征噶爾丹，噶爾丹死。
1709 年	圓明園開始修建。
1723 年	雍正皇帝即位，確立祕密立儲制度。
1724 年	雍正平定青海「羅卜藏丹津」叛亂，設西寧辦事大臣；實行耗羨歸公和養廉銀制度；禁止西方傳教士在華傳教；實行攤丁入畝改革。
1726 年	鄂爾泰在西南開始大規模「改土歸流」。
1728 年	雍正設立軍機處。
1736 年	乾隆皇帝即位。
1749 年	清軍平定第一次「大小金川之亂」。
1751 年	乾隆第一次南巡。
1757 年	清政府實行廣州一口通商。
1759 年	清軍平定回部「大小和卓叛亂」，設伊犁將軍。
1763 年	曹雪芹病逝。
1792 年	《四庫全書》完成。
1796 年	川、陝、鄂「白蓮教起義」爆發；嘉慶皇帝即位。
1899 年	和珅被賜死。

1839 年	林則徐到廣州禁煙，「虎門銷煙」。
1840 年	「鴉片戰爭」爆發。
1842 年	《南京條約》簽訂。
1851 年	「太平天國運動」爆發。
1853 年	曾國藩等創辦團練；太平天國定都南京，頒佈《天朝田畝制度》。
1856 年	第二次「鴉片戰爭」爆發。
1858 年	《天津條約》、《璦琿條約》簽訂。
1860 年	英法聯軍攻入北京，火燒圓明園；《北京條約》簽訂。
1861 年	清政府設立總理各國事務衙門；慈禧太后發動「辛酉政變」；曾國藩辦安慶軍械所。
1863 年	清政府設同文館。
1865 年	李鴻章辦江南製造局、金陵機械局。
1866 年	左宗棠設福州船政局。
1872 年	輪船招商局在上海成立；清政府首次派遣留學生出洋。
1875 年	清政府決定建立南洋、北洋、福建水師。
1886 年	光緒皇帝親政，慈禧太后訓政。
1888 年	北洋海軍正式建成；康有為上書變法。
1890 年	張之洞創辦漢陽鐵廠。
1894 年	中日「甲午戰爭」爆發；孫中山創立興中會。
1895 年	《馬關條約》簽訂，康有為等發起「公車上書」。
1898 年	光緒主持「戊戌變法」；慈禧太后發動政變，囚禁光緒，重新訓政；「義和團運動」在山東爆發。
1900 年	八國聯軍進入北京。
1901 年	《辛丑條約》簽訂。
1905 年	中國同盟會成立。
1907 年	徐錫麟、秋瑾犧牲。
1911 年	「黃花崗起義」；「武昌起義」成功，湖北軍政府成立，各省宣佈獨立；十七省代表選舉孫中山為中華民國臨時大總統。
1912 年	清宣統皇帝退位。

責任編輯　楊紫東　潘沛雯
裝幀設計　鄧佩儀
排　版　陳美連
印　務　劉漢舉

穿越中國五千年⑩：清朝

歪歪兔童書館 ◎ 著繪

出版｜中華教育
香港北角英皇道 499 號北角工業大廈 1 樓 B 室
電話：(852) 2137 2338　傳真：(852) 2713 8202
電子郵件：info@chunghwabook.com.hk
網址：http://www.chunghwabook.com.hk

發行｜香港聯合書刊物流有限公司
香港新界荃灣德士古道 220-248 號荃灣工業中心 16 樓
電話：(852) 2150 2100　傳真：(852)2407 3062
電子郵件：info@suplogistics.com.hk

印刷｜泰業印刷有限公司
香港新界大埔工業邨大貴街 11 至 13 號

版次｜2024 年 3 月第 1 版第 1 次印刷
©2024 中華教育

規格｜16 開（230mm x 170mm）

ISBN｜978-988-8861-39-2